Além dos limites

A Tríplice Fronteira nas relações internacionais contemporâneas

Além dos limites

A Tríplice Fronteira nas relações internacionais contemporâneas

Micael Alvino da Silva
Isabelle Christine Somma de Castro
(organizadores)

alameda

Grafia atualizada segundo o Acordo Ortográfico da Língua Portuguesa de 1990, que entrou em vigor no Brasil em 2009.

Edição: Haroldo Ceravolo Sereza / Joana Monteleone

Editora assistente: Danielly de Jesus Teles

Projeto gráfico, diagramação e capa: Mari Ra Chacon Massler

Assistente acadêmica: Tamara Santos

Revisão: Haroldo Ceravolo Sereza e Mary Jo

Imagem da capa: *Encontro entre os rios Paraná e Iguaçu*

A presente publicação foi viabilizada com recursos do Programa Institucional de Apoio aos Grupos de Pesquisa, da Universidade Federal da Integração Latino-Americana (Unila). Os pesquisadores envolvidos atuam no âmbito do Grupo de Pesquisa sobre a Tríplice Fronteira (GTF-Unila)

CIP-BRASIL. CATALOGAÇÃO NA PUBLICAÇÃO
SINDICATO NACIONAL DOS EDITORES DE LIVROS, RJ

A351

Além dos limites : a tríplice fronteira nas relações internacionais contemporâneas / organização Micael Alvino da Silva, Isabelle Christine Somma de Castro. - 1. ed. - São Paulo : Alameda, 2021.
246 p. ; 21 cm.

Inclui bibliografia
ISBN 978-65-5966-011-7

1. Tríplice Fronteira (Argentina, Brasil e Paraguai) - Condições econômicas. 2. Tríplice Fronteira (Argentina, Brasil e Paraguai) - Condições sociais. 3. Tríplice Fronteira (Argentina, Brasil e Paraguai) - Aspectos políticos. 4. Relações internacionais - Aspectos sociais. I. Silva, Micael Alvino da. II. Castro, Isabelle Christine Somma de.

21-69981 CDD: 327.1098
CDU: 327(8)

Alameda Casa Editorial
Rua 13 de Maio, 353 – Bela Vista
CEP 01327-000 – São Paulo, SP
Tel. (11) 3012-2403
www.alamedaeditorial.com.br

Sumário

Prefácio

As várias imagens da Tríplice Fronteira

Rafael Duarte Villa
Professor Associado da Universidade de São Paulo (USP)

Há várias maneiras e formas de olhar para a principal tríplice fronteira da América Latina, entre a Argentina, o Brasil e o Paraguai. Primeiro, contrastando-a com outras tríplices fronteiras daquelas várias que existem na América Sul, observa-se uma característica que diferencia esta região da Tríplice Fronteira das demais. É uma zona, para usar uma expressão da Geopolítica, de fronteiras vivas, em que existem três cidades contíguas de intenso intercâmbio cultural e comercial: Puerto Iguazú (Argentina), Foz do Iguaçu (Brasil) e Ciudad del Este (Paraguai). É uma região com um volume comercial importante e com um fator cultural relevante, sendo que há várias nacionalidades convivendo no mesmo espaço, e é inegável que a região tem recebido uma população árabe de origem libanesa muito significativa, o que gerou uma forte securitização regional e globalmente.

Esse olhar securitizado da Tríplice Fronteira é outro imaginário, no caso um imaginário discursivo, que foi construído nos âmbitos regional e global. Do ponto de vista regional, porque há mais de vinte e cinco anos a Tríplice Fronteira foi incorporada na agenda de segurança dos Estados Unidos devido às percepções e suspeitas de que a região seria um espaço para atividades terroristas. Como resultado do impacto dos atentados terroristas em

Buenos Aires contra a Embaixada de Israel, em 1992, e contra a Asociación Mutual Israelita Argentina (AMIA), em 1994, firmaram-se suspeitas nas representações dos governos argentinos e estadunidenses de que grupos islâmicos, com base na Tríplice Fronteira, haviam perpetrado os atentados. Desde então as pressões argentinas e norte-americanas se fizeram sentir para que os governos da Tríplice Fronteira criassem instâncias institucionais e de inteligência que oferecessem um tratamento repressivo similar ao tráfico de drogas no subsistema de segurança andino.

Mas, em âmbito global, a região também se incorporou na agenda global de segurança estadunidense devido à securitização dos vínculos que as atividades ilícitas de atores transnacionais teriam com o terrorismo, principalmente como fonte de financiamento ao "terrorismo islâmico". A partir de 1997, os relatórios do Departamento de Estado (*Patterns of Global Terrorism*) destacam várias iniciativas regionais de articulação entre governos sul-americanos para a prevenção do terrorismo, assim como de maneira indireta cita grupos com uma certa atividade na região. Não seria exagerado dizer que a lógica de "guerra global ao terror", que imperou desde o primeiro governo de George W. Bush até o início da primeira administração de Barack Obama, representou a Tríplice Fronteira como um lugar ao qual deveria ser atribuído um cuidado especial. Com isso, a Tríplice Fronteira, que não era uma região tradicionalmente relevante em aspectos de segurança, passou a ser uma das mais novas regiões, daquelas que emergiram após a Guerra Fria, assim como um lugar para se pensar em uma agenda de segurança por via das "novas ameaças", sobretudo de origem não-estatal.

O próprio termo Tríplice Fronteira já aparece com uma conotação bastante securitizada, como têm destacado alguns trabalhos antropológicos. Tem-se chamado, por exemplo, a atenção para a mudança do nome oficial da "região das três fronteiras", até meados da década de 1990, para o de "Tríplice Fronteira" na primeira década do século XXI (ou Tri-Border Area, como se prefere nos Estados Unidos). "A transformação para o substantivo próprio 'Tríplice Fronteira' aparece a partir da suspeita da presença de terroristas islâmicos na região depois dos atentados de 1992 e 1994. Em 1996, essa denominação será incorporada oficialmente pelos governos dos respectivos países (...)" (RABOSSI, 2004, p. 24). No entanto, outros trabalhos colocam a securitização do termo "Tríplice Fronteira" como decorrência direta dos acontecimentos do 11 de setembro. "Após os atentados terroristas às torres gêmeas em 11 de setembro a preocupação dos americanos com esse tema [terrorismo] fez com que a Tríplice Fronteira se tornasse um foco de atenção pela possibilidade de haver algumas células terroristas ou de apoio instaladas na região" (RODER, 2006, p. 65-6).

Em consequência, mais que um espaço geográfico, a Tríplice Fronteira é um espaço de construções sociais sobre o qual se tem construído diversas representações, a maior parte delas fortemente negativas. O símbolo dessa imagem da região é Ciudad del Este. Uma localidade estratégica, "no limiar da lei – ou talvez um pouco além dela" (NAÍM, 2006, p. 135), "um lugar maldito" (BARTOLOMÉ, 2002), ou "um lar afastado de casa para os cartéis de drogas da América do Sul, as Tríades Chinesas, a Yakusa, gângsteres russos e nigerianos e terroristas do Hezbollah" (ROBINSON, 2001, p. 11). A região seria um dos maiores centros de atividades de grupos que se dedicam a comercializar ilícitos transnacionais, ou, nas palavras de Naím, uma dessas regiões "além da lei", especialmente Ciudad del Este, a cidade do Paraguai com mais de 300 mil habitantes na Tríplice Fronteira com o Brasil e a Argentina.

Mais recentemente, a forte atividade de atores não-estatais violentos, como o Primeiro Comando da Capital (PCC), reafirmou uma certa visão de que a região é um local onde o narcotráfico e suas formas de governança ilegais, mas socialmente efetivas, se enraizaram fortemente. Tendo uma posição geográfica e social privilegiada, a região teria se transformado num grande ponto de encontro para contrabandistas, grupos de narcotraficantes e máfias de todos os tipos, numa encruzilhada para todo tipo de comércio ilícito. Não se pense que essa percepção foi construída só por *decision-makers* argentinos e estadunidenses. A própria academia tem dado sua contribuição, como se observa na sustentação de Moisés Naím quando se refere a Ciudad del Este: "O que verdadeiramente torna o lugar um centro importante é o dinheiro das drogas: as receitas da cocaína, vindas dos países andinos, das quais todos os outros comércios – assistidos pelos 56 bancos existentes na cidade – lançam mão para reciclar" (NAÍM, 2006, p. 135-36). O livro de Naím é anterior à presença do PCC em Ciudad de Leste e Foz de Iguaçu. Seu imaginário se teria "enriquecido" ainda mais com a atuação ativista do grupo criminal.

Mas a região também se incorpora na agenda de segurança estadunidense devido à securitização dos vínculos que as atividades ilícitas de atores transnacionais teriam com o terrorismo, principalmente como fonte de financiamento ao "terrorismo islâmico". Por isso, uma forma de atuação direta dos Estados Unidos na região da Tríplice Fronteira é dada pelas iniciativas de algumas de suas agências em matéria de combate à lavagem de dinheiro ou de transferência de recursos de origem duvidosa. O relatório da Comissão que investigou os acontecimentos do 11 de setembro de 2001 revela que alguns funcionários dos Estados Unidos, agitados com os acontecimentos, recomendaram ataques fora do Oriente Médio, por exemplo no Sudeste Asiático ou na América do Sul, com a finalidade de tomar de surpresa os grupos terroristas (ESTADOS UNIDOS, 2004, p. 559-60). No entanto, a estratégia dos Estados Unidos, até talvez pela falta de provas mais fortes sobre a presença de células de grupos considerados terroristas, se tem orientado mais para o corte da logística financeira desses grupos. O poder executivo norte-americano alimentou, desde a administração do presidente Bill Clinton (1993-2001), a ideia de que era preciso cortar as fontes de financiamento do narcotráfico para a guerrilha. De modo semelhante, no caso da Tríplice Fronteira, foi acolhida a ideia de que, embora não haja provas contundentes da existência de células terroristas, a região está sendo usada para fins de financiamento das operações globais do "terrorismo islâmico". E, nesse sentido, a militarização não se apresenta como uma opção viável de atuação na região, mas aposta-se na estratégia de promoção de acordos com os países da região que levem à desestruturação das fontes de financiamento (que vem da lavagem de dinheiro, narcotráfico, contrabando, descaminho, entre outros).

Contudo, a Tríplice Fronteira é uma região de um dinamismo econômico forte, de encontro vigoroso de culturas, de recursos naturais e turísticos maravilhosos e de instituições universitárias e de tecnologia que interagem com suas sociedades fronteiriças.

A desconstrução das imagens socialmente construídas na forma de securitização, de região de atores fora da lei ou de um lugar de violência, é a mais importante contribuição do livro *Além dos limites: a Tríplice Fronteira nas relações internacionais contemporâneas*, organizado por Micael A. da Silva e Isabelle C. Somma de Castro. Todas as temáticas referenciadas neste prefácio, que combinam fronteira, percepções sobre terrorismo, construção de instituições na fronteira e percepções negativizadas (securitização), são tratadas de forma crítica e consistente na presente obra, que se transformará numa das principais referências da literatura que trata da Tríplice Fronteira.

Referências

BARTOLOMÉ, M. C. "Amenzas a la seguridad de los Estados: La Triple Frontera como 'área gris' en el Cono Sur Americano". *Military Review*, Fort Leavenworth, Kansas, 82, n. 4, 2002, p. 61-74.

ESTADOS UNIDOS. *9-11 Commission Report*. The National Commission on Terrorist Attacks Upon the United States. Washington, 2004, p. 585.

NAÍM, M. *Ilícito: o ataque da pirataria, da lavagem de dinheiro e do tráfico à economia global*. Rio de Janeiro: Jorge Zahar Editor, 2006.

RABOSSI, F. *Nas ruas de Ciudad del Este: vidas e vendas num mercado de fronteira*. Tese de Doutorado. Programa de Pós-Graduação em Antropologia Social. Rio de Janeiro: UFRJ, 2004.

ROBINSON, J. A *Globalização do crime*. Rio de Janeiro: Ediouro, 2001.

RODER, A. *A agenda externa brasileira em face aos ilícitos transnacionais: o contrabando na fronteira entre o Brasil e o Paraguai*. Dissertação de Mestrado. Programa de Pós-Graduação em Ciência Política. São Paulo: USP, 2006.

Figura 1 – Mapa da Tríplice Fronteira

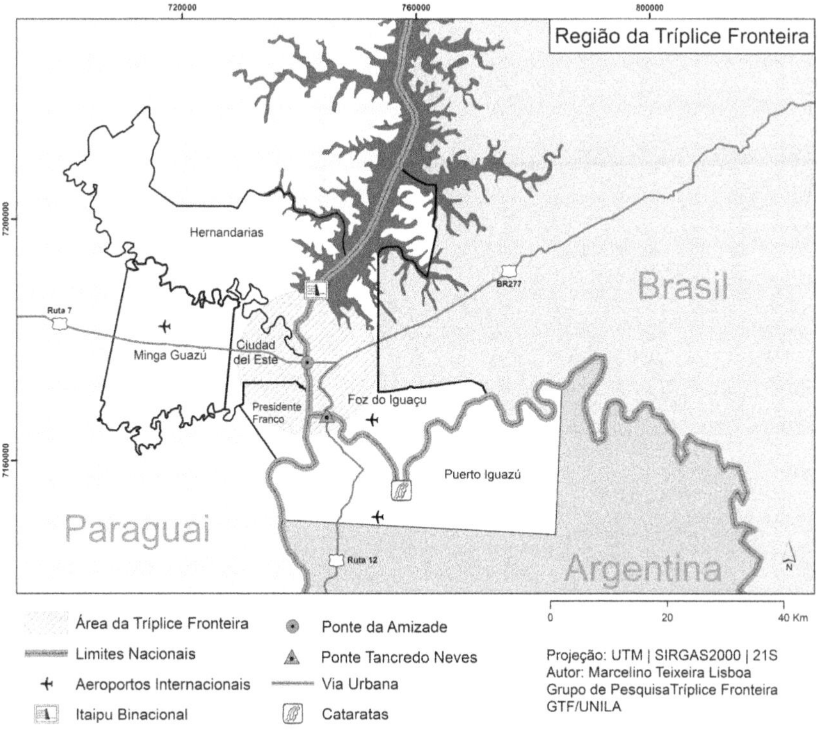

Introdução

A Tríplice Fronteira nas relações internacionais

Micael Alvino da Silva
Isabelle Christine Somma de Castro

A principal fronteira da América do Sul é a confluência entre a Argentina, o Brasil e o Paraguai. Diariamente, circulam mais de 97 mil pessoas pela Ponte Internacional da Amizade (Brasil-Paraguai) e mais de 19 mil pessoas pela Ponte Internacional Tancredo Neves (Brasil-Argentina). Ao todo, mais de 45 mil veículos cruzam os limites das três nações, sendo 38 mil entre a fronteira brasileiro-paraguaia. Mais de um milhão de pessoas habitam em um raio aproximado de 25 quilômetros da confluência entre o rio Iguaçu, que divide o Brasil da Argentina, e o rio Paraná, que divide o Paraguai do Brasil e da Argentina (SILVA, 2015; UDC, 2018).

Para cada um dos três países, seu respectivo lado da fronteira possui diferentes significados, percepções e, nas relações fronteiriças, há muito além dos limites geográficos. Os brasileiros alternam entre dois extremos: um lugar belo, para fazer turismo; e um lugar sombrio, onde na calada da noite predomina a criminalidade. Para os argentinos, trata-se de um lugar selvagem, onde os dois extremos são potencialmente elevados. O belo está relacionado à "*selva misionera*" e o sombrio é ainda mais sombrio. É uma "terra sem lei", onde o império da lei não chega. Para os paraguaios, nada é tão belo ou tão sombrio na Tríplice Fronteira. Trata-se da segunda economia do país e do lugar mais densamente povoado da porção leste do seu território. Não há dois extremos, mas há dois elementos econômicos estruturantes: a Itaipu Binacional e o comércio internacional.

O escopo geográfico da Tríplice Fronteira varia de acordo com o recorte temporal ou com o recorte temático. Desde a perspectiva da Antropologia Cultural, as pesquisadoras argentinas Verónica Béliveau e Silvia Montenegro destacaram a construção social do conceito de Tríplice Fronteira pelos atores estatais e pela imprensa na virada dos anos 1990 para os anos 2000. De acordo com tais narrativas, patrocinadas sobretudo pelo governo argentino e norte-americano, a Tríplice Fronteira seria um espaço transnacional não controlado por nenhum dos três Estados. Na construção midiática, a confluência das cidades de Puerto Iguazú (Argentina), Foz do Iguaçu (Brasil) e Ciudad del Este (Paraguai) forma uma área com características próprias que combinam os aspectos negativos dos três países, como corrupção, lavagem de dinheiro, tráfico de influência, ausência do Estado, situação de permanente crise, insegurança e risco (BÉLIVEAU e MONTENEGRO, 2010, p. 43).

Ampliando o recorte temporal para a primeira década do novo século, desde a Geografia, Camilo Pereira Carneiro propôs uma nova abordagem espacial. Ao produzir um mapa, ele delimitou a área a partir da Microrregião de Foz do Iguaçu, do Departamento Iguazú (Argentina) e do Departamento de Alto Paraná (Paraguai). O espaço ficou mais amplo e certamente permite compreender o nível regional das dinâmicas contemporâneas que ocorrem na Tríplice Fronteira (CARNEIRO, 2016).

Além da abordagem que considera apenas as três cidades que originam a área transnacional e da abordagem que amplia para os respectivos limites geográficos nacionais, há uma abordagem a partir da História que se difere das anteriores. A principal diferença está no recorte temporal, em um contexto de longa duração, que Jacob Blanc e Frederico Freitas traçaram para a região. Na coletânea de artigos cujas análises perpassam desde o período colonial até 2000, os organizadores posicionam a Tríplice Fronteira como uma fronteira histórica e o escopo geográfico foi ampliado para uma área que inclui desde Asunción e toda a porção leste do Paraguai; toda a Província de Misiones e parte de Corrientes, da Argentina; e parte do Paraná, Mato Grosso do Sul, Santa Catarina e Rio Grande do Sul, do Brasil (BLANC e FREITAS, 2018, p. 6).

As três delimitações mencionadas não foram suficientes para explicar satisfatoriamente os fluxos fronteiriços e as relações internacionais que envolvem a Tríplice Fronteira no século XXI. A partir desse pressuposto, para este livro foi elaborado um mapa exclusivo e inédito delimitando as dimensões nacionais, a Região da Tríplice Fronteira e a Área da Tríplice Fronteira (Figura 1). Os conhecidos limites nacionais foram colocados em perspectiva com os limites dos municípios de cada lado da fronteira. Os municípios de Foz do Iguaçu e Puerto Iguazú se juntam à Região Metropolitana de Ciudad del Este (formada por Ciudad del Este, Minga Guazú, Presidente Franco e Hernandarias) no que chamamos de Região da Tríplice Fronteira. Esta delimitação é particularmente importante para as dinâmicas locais, considerando o fluxo de pessoas, as relações sociais e o comércio. Em linhas gerais, a vida e as atividades cotidianas das pessoas que vivem na região são interdependentes. É comum notícias na mídia local que associam uma crise no comércio paraguaio à inadimplência do consumidor no lado brasileiro, por exemplo (SILVA, 2014, p. 99).

A delimitação da Área da Tríplice Fronteira é importante para demonstrar que há um ponto de confluência das principais atividades da região, sobretudo aquelas implicadas com as relações internacionais mais amplas (comércio internacional e imigração da Ásia e do Oriente Médio, por exemplo). O conceito em si não é novo e a ideia de uma *Tri-Border Area* se tornou lugar comum em análises a partir dos Estados Unidos no pós-11 de setembro de 2001. Contudo, delimitar a área em um raio relativamente pequeno de doze quilômetros (a partir da Ponte da Amizade) e realçá-lo em relação à Região da Tríplice Fronteira é uma proposta inédita. Os artigos que compõem este livro indicam que os principais acontecimentos de relações internacionais que tocam a Tríplice Fronteira ocorrem neste perímetro. Naquele espaço, por ambas as pontes internacionais (Brasil-Paraguai e Brasil-Argentina) circulam as pessoas, os veículos e as mercadorias que dão movimento à Tríplice Fronteira. Na fronteira Paraguai/Brasil, o comércio internacional movimenta em torno de US$ 4 bilhões ao ano (CÉSAR, 2015), um valor semelhante ao que Itaipu Binacional recebe com a geração de energia elétrica (ver Capítulo 3). Na fronteira Brasil/Argentina, o número de ingressos vendidos nos Parques Nacionais brasileiro e argentino indica que circulam pela região em torno de 2 milhões de turistas de diversas nacionalidades por ano.

Para além do movimento cotidiano e da cartografia regional, importa-nos a constatação de que os acontecimentos em torno da Tríplice Fronteira têm sido objeto de estudos internacionais contemporâneos para diversos especialistas. Além dos acadêmicos, especificamente analisados no segundo capítulo deste livro, os diplomatas, os técnicos de governo e os agentes de inteligência têm sido alguns dos interessados em temáticas como segurança, terrorismo, desenvolvimento econômico, energético e social de fronteiras, dentre outros.[1] Tratam-se de profissionais que atuam em áreas para as quais se faz necessário compreender um ou mais aspecto da inserção internacional da região. O caso da diplomacia é particularmente relevante, pois do Ministério das Relações Exteriores do Brasil vieram os primeiros alertas de que a região leste do Paraguai poderia se tornar um "centro de contrabando em larga escala para o Brasil", ainda na década de 1960 (CERVO, 2001, p. 213).

Entendemos que a Tríplice Fronteira foi inserida no contexto mais amplo das relações internacionais a partir do viés da integração regional (infraestrutura e Itaipu Binacional) e do viés do comércio internacional (triangulação China-Paraguai-Brasil). No primeiro caso, a inauguração da Ponte da Amizade, em meados da década de 1960, foi impregnada pelo simbolismo representado pela ligação terrestre do Oceano Atlântico até Asunción. Alguns anos depois, não era apenas o símbolo, mas a união de estradas brasileiras e paraguaias que serviriam para o transporte de pessoas e produtos com destino à construção de Itaipu. A obra faraônica extrapolou a dimensão diplomática, física, estrutural e energética (FOLCH, 2018; BLANC, 2018). Os empregos diretos e indiretos gerados atraíram pessoas de diversas partes do Brasil e modificaram a demografia e o meio ambiente da região.[2]

1 Há ainda outras temáticas, como aquelas de preservação e conservação do meio ambiente associadas ao Parque Nacional do Iguaçu do lado brasileiro e ao Parque Nacional Iguazú, do lado argentino (FREITAS, 2018) e ao Aquífero Guarani, considerada uma das maiores reservas subterrâneas de água doce do mundo, que compreende grande parte da Argentina, do Brasil, do Paraguai e do Uruguai (FERRADÁS, 2004).

2 A propósito de Itaipu, ver três publicações acadêmicas recentes: "Hydropolitics: The Itaipu Dam, Sovereignty, and the Engineering of Mo-

Aproveitar a saída para o mar e as diferentes taxas de importação, desta vez não compartilhada pelo Brasil, foi uma estratégia do governo de Alfredo Stroessner tendo em vista o horizonte do comércio internacional. Neste viés, a Tríplice Fronteira foi inserida a partir do comércio de triangulação da China para o Brasil (via Paraguai) que surgiu em Ciudad del Este.[3] Este comércio, em paralelo com o *boom* demográfico causado pelos empregos associados à construção da usina de Itaipu, atraiu um contingente expressivo de imigrantes da Ásia e do Oriente Médio. Mais especificamente, entre o final dos anos 1970 e início dos anos 1990, formaram-se duas comunidades importantes de chineses e libaneses que imigraram para a região visando atuar no comércio de importação do lado paraguaio da fronteira.

Tal qual alertava a diplomacia brasileira na passagem já mencionada, Ciudad del Este se converteu em uma área de comércio internacional com a finalidade de revender produtos importados para o Brasil, que ingressam no país na forma de contrabando e descaminho. Neste sentido, apesar de lícito no Paraguai, estamos diante de um caso de criminalidade transnacional, à medida em que um delito que ocorre no Brasil se origina no Paraguai. Um estudo recente constatou que, nos últimos dez anos, 89% do que foi importado no Paraguai para a reexportação pode ter ingressado no Brasil de forma ilícita (SILVA, DOLZAN e COSTA, 2019). Apesar desta cifra, que

---

dern South America" (FOLCH, 2019); "Before the Flood: the Itaipu Dam and the Visibility of Rural Brazil" (BLANC, 2019); e "Itaipu e as relações brasileiro-paraguaias de 1962 a 1979: fronteira, energia e poder" (ESPÓSITO NETO, 2020).

3 No Paraguai, conhecido como comércio de reexportação de manufaturas, que foi regulamentado pelo governo em 1992 sob o Regime de Turismo (MASI, 2006).

representou anualmente o "custo triangular" de R$ 8 bilhões, o comércio ilícito e/ou o crime transnacional a ele associado não tornou a Tríplice Fronteira um problema seriamente tratado pelo Brasil e pelo Paraguai. O que tornou a região em um assunto de relações internacionais profundamente conectado com o século XXI foi um suposto transbordamento dos lucros do comércio de Ciudad del Este para um suposto financiamento do terrorismo internacional.

Mais de um autor desta coletânea destacou em seus respectivos capítulos a pressão internacional, que inicialmente veio da Argentina e posteriormente foi endossada pelos Estados Unidos, exercida em função do nexo entre o terrorismo e a Tríplice Fronteira. Após os atentados terroristas em Buenos Aires (Embaixada de Israel, em 1992, e Associação Mutual Israelita Argentina, em 1994), os analistas da imprensa nacional e membros do governo argentino envolvidos nas investigações passaram a sustentar que os terroristas teriam ingressado no país pela área da Tríplice Fronteira (CASTRO, 2020). Além disso, não eram incomuns as associações à comunidade libanesa da região, especialmente a um hipotético apoio logístico que pudesse ter sido prestado por cidadãos locais. Após os atentados de 11 de setembro de 2001 nos Estados Unidos, o foco do nexo mudou para a hipótese de financiamento que alguns importadores de Ciudad del Este poderiam representar (LEE, 2008). Na segunda década do século XXI, especialmente após fatos novos de 2018, diversos indícios sugerem que uma nova fase deste nexo entre terrorismo e Tríplice Fronteira ainda está em curso (SILVA, 2018).

As breves considerações apontadas indicam que, ainda que limitados e diversos, há um conjunto de estudos internacionais sobre a Tríplice Fronteira. Esta constatação, por si, não invalida a avaliação de Jacob Blanc e Frederico Freitas (2018, p. 6), para os quais a Tríplice Fronteira representa um dos contextos mais dinâmicos e menos estudados da América Latina. Portanto, há um espaço considerável para novos estudos, sendo bem-vindos aqueles que partem da área de Relações Internacionais, e são dedicados aos mencionados temas correlatos à inserção internacional da região. Entendemos que o conceito de Tríplice Fronteira, além de possuir correspondência na cartografia (delimitação de região e área), reúne analistas de diversos matizes em torno das temáticas derivadas da integração regional e do comércio internacional.

***

O objetivo geral deste livro é promover e contribuir para a formação de uma linha de pesquisa sobre a Tríplice Fronteira nas Relações Internacionais. A proposta de *Além dos limites* está conectada com a vocação latino-americanista da Universidade Federal da Integração Latino-Americana (Unila)[4] e estimula o desenvolvimento de pesquisas sobre temas associados aos seus pilares institucionais fundamentais, a saber, a integração regional, o bilinguismo e a interdisciplinaridade (IMEA, 2009).

A organização desta coletânea é resultado de uma aproximação acadêmica entre o Grupo de Pesquisa sobre a Tríplice Fronteira (GTF) da Unila, com o Núcleo de Pesquisa em Relações Internacionais da Universidade de São Paulo (Nupri-USP). Ao mesmo tempo, a bem-vinda colaboração de pesquisadores de outros contextos acadêmicos do Brasil (Universidade Fede-

4 A Unila é uma universidade federal brasileira, criada em 2010 em Foz do Iguaçu. Em 2020, possuía 5.231 alunos em 29 cursos de graduação, 586 alunos de pós-graduação e um corpo docente formado por 367 professores. Cerca de 30% dos estudantes são de origem internacional, advindo de 27 países diferentes, especialmente da América Latina e do Caribe.

ral da Grande Dourados), dos Estados Unidos (Duke University) e da Argentina (Universidad Nacional de Rosário) confere o devido status transnacional que perpassa as publicações existentes até o momento.[5]

Nesse sentido, ao advogar pelo estímulo à novas pesquisas na área sobre a Tríplice Fronteira, ressalta-se que todos os autores desta coletânea estão posicionados em meios acadêmicos com temáticas, pesquisas e proximidade com o campo das Relações Internacionais. Implicitamente, está posto o desafio da possibilidade futura que o avanço das pesquisas e a concentração na temática poderá proporcionar. No momento, existem estudos internacionais interdisciplinares sobre a Tríplice Fronteira. Com o desenvolver de pesquisas acadêmicas específicas no âmbito do GTF, no futuro poderá haver um campo de pesquisa novo na academia brasileira e latino-americana na área de Relações Internacionais. O ambiente da Unila e a sua vocação são fortes elementos para que haja uma construção em torno deste novo campo de pesquisa mediante a formação de internacionalistas ocupados com a pesquisa sobre a fronteira mais complexa da América Latina.

***

Os dois primeiros capítulos deste livro visam apresentar a Tríplice Fronteira como um campo de estudos internacionais. Na sequência, são abordados os principais temas de inserção

---

5 Destaca-se que há em torno de uma dezena de trabalhos acadêmicos sobre a Tríplice Fronteira publicados nos Estados Unidos, Brasil e Argentina, respectivamente (ver capítulo 2). As características mais marcantes desta produção são a transnacionalidade (há interesses americanos, brasileiros, argentinos, paraguaios e israelenses) e a interdisciplinaridade (estudos desde a Antropologia, Geografia, História, Ciência Política e Relações Internacionais).

internacional, a saber, a hidropolítica e o terrorismo. Os dois últimos capítulos encerram a coletânea com a abordagem das políticas públicas voltadas para as áreas de fronteiras.

O capítulo "Fronteiras e Relações Internacionais: território, segurança e comércio" aponta para uma discussão conceitual necessária para o contexto e a análise da região. Heloísa Marques Gimenez e Marcelino Teixeira Lisboa abrem a seção com o debate fundamental sobre as fronteiras nas Relações Internacionais a partir do diálogo com a Geografia e a Geopolítica. Trata-se de um exercício teórico importante para a compreensão dos problemas ligados ao território, à segurança e aos fluxos comerciais. O objetivo dos autores é apresentar um panorama dos principais elementos conceituais que devem estar presentes em uma abordagem sobre a Tríplice Fronteira.

Tanto no primeiro quanto no segundo capítulo, os autores se esforçam para apresentar o contexto histórico da região e suas implicações regionais e globais. Especificamente no capítulo "Entre antropólogos e internacionalistas: as perspectivas acadêmicas pós-11 de setembro", a preocupação de Micael Alvino da Silva é coerente com a proposta de estimular novas pesquisas sobre a Tríplice Fronteira, na medida em que o autor faz uma revisão da bibliografia sobre o assunto. Baseado em artigos de periódicos e livros de editoras universitárias, foram relacionadas duas perspectivas de estudos acadêmicos: a perspectiva antropológica e a perspectiva internacionalista. O autor argumenta que a primeira perspectiva é de suma importância para a compreensão da realidade local do início dos anos 2000, especialmente as comunidades chinesa e libanesa. Em relação à perspectiva internacionalista, evidenciou-se o significado da realidade internacional sobre a região, especialmente no que se que refere à globalização e ao terrorismo internacional.

Estabelecido o panorama e classificadas as abordagens sobre a região, a dimensão internacional no âmbito regional é o tema norteador do estudo seguinte. No capítulo "Itaipú Binacional y la Hidropolítica en el contexto transfronterizo", Christine Folch faz uma análise da Tríplice Fronteira como fronteira energética, apontando tanto para o passado quanto para o presente. No passado está a delicada (para os paraguaios) e despercebida (para os brasileiros) questão da Guerra da Tríplice Aliança, no Brasil conhecida como Guerra do Paraguai. A autora evidencia como a memória do evento afeta as relações bilaterais em torno da geração de energia hidrelétrica. No futuro próximo, Brasil e Paraguai terão de renegociar o Anexo C do Tratado de Itaipu. Em 2023, se completarão os primeiros cinquenta anos da iniciativa de Itaipu e a dívida que atualmente consome mais da metade dos lucros da geração de energia será convertida em dinheiro para os cofres públicos de ambos os países.

Assim como a abordagem da hidropolítica, o nexo entre terrorismo e Tríplice Fronteira é um tema presente que impacta a região e que é objeto dos dois capítulos seguintes. No capítulo "Agenda política internacional e vinculação ao terrorismo no pós-Guerra Fria", Mamadou Alpha Diallo propõe revisitar a agenda de segurança internacional construída com o término da Guerra Fria, a partir da Política Internacional. Os favoráveis tempos iniciais após o término da bipolaridade indicavam que a agenda internacional seria permeada pelos então considerados "novos temas" das relações internacionais. O autor argumenta que a acusação de terrorismo é a mais forte justificativa para a inserção da região na agenda de segurança global. Após apresentar os principais conceitos vinculados ao fundamentalismo islâmico, o autor destaca que, apesar de não significar uma real ameaça, a suspeita de terrorismo tem sido utilizada como base para a tomada de decisões políticas no âmbito internacional. Em outras palavras, a constatação indica que a questão é muito mais de securitização (construção de um discurso de ameaça) do que de segurança internacional (ameaça real à soberania de um Estado).

No capítulo "Contestando a Guerra ao Terror: as respostas brasileiras às suspeitas de terrorismo", Isabelle Christine Somma de Castro destaca como os governos de Fernando Henrique Cardoso e de Luiz Inácio Lula da Silva reagiram à pressão norte-americana. A partir de fontes primárias da diplomacia e da imprensa, a autora argumenta que as diferentes administrações mais convergiram do que divergiram na condução do assunto, ambos com a intenção de afastar a ideia de que a região era um centro de ação de terroristas. Cardoso deu enfoque à defesa da comunidade árabe e à cooperação internacional. Lula, por sua vez, incrementou as ações de segurança na região, ao mesmo tempo em que investiu na narrativa da ausência de provas sobre a atuação de terroristas na região.

Na terceira parte estão os artigos que tratam a região desde a perspectiva de políticas públicas dos Estados vizinhos voltadas para suas áreas de fronteiras. No capítulo "A política brasileira de defesa e segurança para as fronteiras", Camilo Pereira Carneiro argumenta que a Tríplice Fronteira, enquadrada como "terra sem lei", exigia respostas por meio de políticas públicas, e, uma das respostas foi a atuação conjunta das forças federais para coibir os delitos cometidos no território. O diálogo do autor é com a tentativa, que se mostrou bem-sucedida, de enfrentar o contrabando e o descaminho em larga escala, que poderia ser registrado à luz do dia. O autor também menciona projetos e iniciativas para além da área de segurança pública que tiveram como foco o desenvolvimento econômico, mas que por diversas razões deixaram de ser prioridade do governo brasileiro.

O último capítulo é também um diálogo com o capítulo anterior, por conta das políticas públicas, e com o primeiro capítulo desta coletânea por conta do conceito de fronteira. Tanto a tensão gerada por conta das políticas públicas gestadas nas capitais e aplicadas nas zonas fronteiriças quanto a ampliação do conceito de fronteira para a compreensão do século XXI foram os pontos de partida da análise de Ana María Chiani. No capítulo "Nueva perspectiva de política pública fronteriza: el Comité de Integración Foz-Puerto Iguazú", a autora argumenta que há um flagrante descompasso e uma ausência de políticas públicas fronteiriças efetivas e pensadas conjuntamente com a população que habita essas regiões. Uma exceção e, ao mesmo tempo, um modelo inicial é buscada pela autora. Para apoiar seu argumento, Chiani se baseia nas atas de uma iniciativa pioneira na Tríplice Fronteira: o Comitê de Integração Fronteiriça Foz do Iguaçu-Puerto Iguazú, atuante desde a década de 1980.

Com a publicação do livro, espera-se que o conjunto dos artigos contribua para as futuras pesquisas de Relações Internacionais sobre a Tríplice Fronteira. Uma tarefa que somente poderá ser consolidada após anos de pesquisa e cooperação acadêmica. Este livro é somente o ponto de partida, que chega ao público em um contexto de extrema relevância social das temáticas aqui abordadas. A proposta dos autores é enfrentar esse tema complexo, instigante e transnacional que é a Tríplice Fronteira. Todos concordam que, na análise contemporânea, há muito *Além dos limites*.

Referências

AMARAL, A. B. D. *A Tríplice Fronteira e a Guerra ao Terror*. Rio de Janeiro: Apicuri, 2010.

BÉLIVEAU, V. G.; MONTENEGRO, S. *La Triple Frontera: Dinámicas culturales y procesos transnacionales*. Buenos Aires: Espacio Editorial, 2010.

BLANC, J. A Turbulent Border: Geopolitics and the Hidroeletric Development of the Paraná River. In: BLANC, J.; FREITAS, F. *Big Water: The Making of Borderlands Between Brazil, Argentina and Paraguay*. Chicago: University of Arizona Press, 2018, p. 211-241.

BLANC, J. *Before the Flood: The Itaipu Dam and the Visibility of Rural Brazil*. Durham: Duke University Press, 2019.

BLANC, J.; FREITAS, F. *Big Water: The Making of Borderlands Between Brazil, Argentina and Paraguay*. Chicago: University of Arizona Press, 2018.

CARNEIRO, C. P. *Fronteiras Irmãs: transfronteirizações na Bacia do Prat*a. Porto Alegre: Ideograf, 2016.

CASTRO, I. C. S. The Securitization of the Tri-Border Area between Argentina, Brazil and Paraguay. *Contexto Internacional*, Rio de Janeiro , v. 42, n. 3, p. 539-567, Dec. 2020. Disponível em: <http://www.scielo.br/scielo.php?script=sci_arttext&pid=S0102-85292020000300539&lng=en&nrm=iso>. Acesso em: 19 dez. 2020.

CERVO, A. L. *Relações internacionais da América Latina: velhos e novos paradigmas*. Brasília: IBRI, 2001.

CÉSAR, G. R. D. C. Integración productiva Paraguay-Brasil: Nuevos pasos en el relacionamiento bilateral. In: PRADO,

H. S. D. A.; NETO, T. E. *Fronteiras e Relações Internacionais.* Curitiba: Ithala, 2015, p. 151-174.

ESPÓSITO NETO, T. *Itaipu e as relações brasileiro-paraguaias de 1962 a 1979: fronteira, energia e poder.* Curitiba: Appris, 2020.

FERRADÁS, C. A. Environment, Security, and Terrorism in the Trinational Frontier of the Southern Cone. *Identities: Global Studies in Culture and Power,* New York, 11, n. 3, 2004, p. 417-442.

FOLCH, C. Ciudad del Este and the Common Market: A Tale of Teo Economic Integrations. In: BLANC, J.; FREITAS, F. *Big Water: The Making of Borderlands Between Brazil, Argentina and Paraguay.* Chicago: University of Arizona Press, 2018, p. 267-284.

FOLCH, C. *Hydropolitics: The Itaipu Dam, Sovereignty, and the Engineering of Modern South America.* Princeton: Princeton University Press, 2019.

FREITAS, F. Argentinizing the Border: Conservation and Colonization in the Iguazú National Park, 1890s–1950s. In: BLANC, J.; FREITAS, F. *Big Water: The Making of Borderlands Between Brazil, Argentina and Paraguay.* Chicago: University of Arizona Press, 2018, p. 105-130.

IMEA. *Consulta Internacional: contribuições à concepção, organização e proposta político-pedagógica da Unila.* Foz do Iguaçu: Instituto Mercosul de Estudos Avançados, 2009.

KACOWICZ, A. M. Regional peace and unintended consequences. In: JASKOSKI, M.; SOTOMAYOR, A. C.; TRINKUNAS, H. A. *American Crossings: Border Politics in the Western Hemisphere.* Baltimore: Johns Hopkins University Press, 2015, p. 89-108.

LEE, R. The Triborder–terrorism nexus. *Global Crime,* London, 9, n. 4, 2008, p. 332-347.

MASI, F. Ups and downs of Paraguayan trade policy in the 1990s. In: BOUZAS, R. *Domestic determinants of national trade strategies: a comparative analysis of Mercosur countries, Mexico and Chile.* Paris: Chaire Mercosur de Sciences, 2006.

PINHEIRO-MACHADO, R. *Made in China: (in)formalidade, pirataria e redes sociais na rota China-Paraguai-Brasil.* São Paulo: Hucitec, 2011.

RABOSSI, F. Árabes e muçulmanos em Foz do Iguaçu e Ciudad del Este: notas para uma re-interpretação. In: SEYFERTH, G., et al. *Mundos em Movimento: Ensaios sobre migrações.* Santa Maria: EDUFSM, 2007, p. 287-312.

ROLON, J. A. *Paraguai: transição democrática e política externa.* São Paulo: Annablume, 2011.

SILVA, M. A. *Breve história de Foz do Iguaçu.* Foz do Iguaçu: Epígrafe, 2014.

SILVA, M. A. A ocupação do espaço brasileiro da Tríplice Fronteira. In: PRIORI, A.; BERTONHA, J. F. *Imigração e Colonização: conflitos pela terra no Paraná e em São Paulo entre os séculos XIX e XX.* Guarapuava: EDUNICENTRO, 2015.

SILVA, M. A. The Triple Frontier Again: The terrorism nexus and what has changed in the Argentina, Brazil, and Paraguay borderland since 2001. *Mural Internacional,* Rio de Janeiro, 9, n. 2, dez. 2018, p. 175-181.

SILVA, M. A.; DOLZAN, R. R.; COSTA, A. B. O custo triangular: reexportação e descaminho nas relações Brasil-Paraguai. In: BARROS, L.; LUDWIG, F. *(Re)Definições das Fronteiras: os desafios para o século XXI.* Foz do Iguaçu: IDESF, 2019.

UDC. *Pesquisa sobre o perfil de pessoas que atravessam a Ponte da Amizade.* União Dinâmica de Faculdades Cataratas. Foz do Iguaçu, 2018.

UDC. *Pesquisa sobre o tráfego de veículos – Ponte Internacional da Amizade e Ponte Internacional Tancredo Neves.* Centro Universitário Dinâmica das Cataratas. Foz do Iguaçu, 2018.

URDINEZ, F. ¿Cuál es el costo de oportunidad para Paraguay de mantener relaciones con Taiwán y no con China? In: BRUN, D. A.; FLORENTÍN, C. G. *Panorama de las Relaciones Internacionales en el Paraguay actual.* Asunción: UNA, 2018.

1.

Fronteiras e relações internacionais: território, segurança e comércio

Heloísa Marques Gimenez
Marcelino Teixeira Lisboa

As fronteiras são um tema conceitualmente amplo e empiricamente de interesse de diversas áreas da Ciência, tais como a Geografia, a História, o Direito e as Relações Internacionais, entre outras. Em relação ao espaço onde se localizam, as fronteiras também podem ser terrestres, marítimas ou aéreas, havendo ainda um debate mais contemporâneo sobre o caráter das fronteiras na era da globalização que culminou com a aceleração da velocidade da informação e o aumento do seu volume. Isso levou a novas visões sobre o significado das fronteiras no século XXI, ao mesmo tempo em que reafirmou a importância dos estudos clássicos a respeito do tema, principalmente aqueles desenvolvidos a partir do final do século XIX. Com isso, juntamente com as reflexões sobre o significado real das fronteiras, renovou-se a discussão acerca do conceito de fronteira, e é nela que o texto a seguir se insere.

Este texto apresenta um debate sobre o conceito de fronteira, mencionando como aplica-se ao caso da Tríplice Fronteira. O referencial utilizado para as fronteiras são as linhas limítrofes dos Estados nacionais, a partir da constituição do sistema de Estados-Nações modernos. Para tanto, apresenta-se, na primeira parte após esta introdução, a discussão sobre os tipos de fronteiras – naturais ou artificiais – a partir de autores da Geografia. Na parte seguinte, aborda-se as fronteiras na visão da Geopolítica, com foco na questão da ocupação do espaço territorial e de sua vinculação com os demais espaços de um Estado. O tópico a seguir discorre acerca de duas temáticas que passaram a permear os debates conceituais acerca das fronteiras após o fim da Guerra Fria e posteriormente aos atentados terroristas de 11 de setembro de 2001: comércio transnacional e segurança internacional. Em todas essas partes do texto, os conceitos são discutidos e aplicados no contexto da Tríplice Fronteira.

O objetivo do texto é apresentar um panorama dos principais elementos conceituais que devem estar presentes ao se abordar teoricamente a Tríplice Fronteira. Entende-se que a realidade da região é muito mais complexa do que se apresenta aqui, mas os elementos colocados são imprescindíveis para entender a dinâmica deste espaço específico. Sendo assim, os fatos históricos são apresentados com o objetivo exclusivo de demarcar a ligação entre o conceito de fronteira e sua evolução com a história da formação da Tríplice Fronteira e com a sua realidade no século XXI.

Fronteira: um debate geográfico

A formação do Estado-Nação moderno possui diferentes interpretações quanto ao tempo exato e ao local de seu início. No entanto, há certa concordância de que se trata de um fenômeno iniciado nos séculos XVI e XVII, ainda com contornos absolutistas e patrimoniais, sofrendo alterações até a transição do século XIX para o século XX, quando definiu suas características burocráticas e liberais (CLEMENTE e JULIANO, 2017). A consolidação desse modelo trouxe consigo um elemento definidor, a soberania, que acabou influenciando o surgimento das fronteiras nacionais tal como as conhecemos. É bem verdade que o contexto de formação do Estado-Nação moderno guardava uma grande variedade de realidades em diferentes partes do mundo e, como apontou Machado (2007), as noções de fronteira e limite foram empregadas com variedade de sentidos ao longo do tempo.

Não obstante, a soberania como elemento fundamental do Estado-Nação moderno fez com que emergisse a necessidade de determinar a exata extensão geográfica de cada jurisdição (BORIA, 2015). Conforme descreveu Carvalho (1939, p. 109), essa definição foi necessária porque "o príncipe [...] sentiu a necessidade de materializar os limites de sua contestada autoridade". Assim, as linhas que representam o espaço dos Estados passaram a ser definidas levando a uma evolução da cartografia e da marcação dos pontos de referência no solo, com a demarcação da maior parte dos limites internacionais mundo afora – não apenas na Europa – ocorrendo principalmente no século XIX.

No caso da Tríplice Fronteira, espaço formado pela confluência dos limites territoriais da Argentina, do Brasil e do Paraguai, foi ao final do século XIX que ficaram mais visíveis os seus elementos definidores como Estados-Nações modernos, com fronteiras de suas soberanias definidas. Apesar de suas independências terem ocorrido no primeiro quarto do século XIX, apenas o Paraguai definiu seu modelo de governo e seu formato federativo logo após a independência. A Argentina permaneceu até os anos 1860 em estado de negociação entre suas regiões e em clima de instabilidade política, até que se moldou como uma república, após a resolução das disputas internas. O Brasil, após a independência em 1822, constituiu-se como um império, vindo a tornar-se uma república somente em 1889. Para os três países, a consolidação de seus limites foi um fenômeno posterior a essa fase de organização interna.

Com um modelo de Estado consolidando-se ao redor do mundo, no qual as linhas-limite tinham papel fundamental, no final do século XIX avançaram também os estudos acerca desse objeto. Uma das discussões que despontaram na Geografia foi a dos tipos de fronteiras, a partir da visão de que poderiam ser naturais – demarcadas por elementos presentes no solo, como rios ou montanhas, ou então artificiais, deliberadamente marcadas com identificadores como muros, fortes, torres de vigia ou linhas imaginárias traçadas em mapas. Questionava-se também acerca da rigidez e imutabilidade (ou não) das fronteiras nacionais.

Friedrich Ratzel apresentou a noção do Estado como um organismo vivo, politicamente ligado a uma determinada fração da superfície da Terra, cujos atributos derivam das características do povo e do solo. As fronteiras – juntamente com a extensão e a situação de uma unidade estatal – seriam um dos principais atributos de um Estado. Para o autor, a extensão de um Estado ocorre pela demarcação de suas fronteiras e, após essa definição de limites, passam a acontecer os processos de trocas com o ambiente externo a esse organismo. Em seu ponto de vista, um Estado limitado por fronteiras naturais é favorecido em seu desenvolvimento, reforçando que

> o desenvolvimento do Estado é a organização progressiva do solo através de uma relação mais estreita com ele. Com o crescimento demográfico, as relações do povo com o seu solo reforçam-se, os recursos naturais sempre são mais bem explorados, o povo cresce em potência até impermeabilizar as fronteiras (RATZEL, 2011, p. 52).

No caso dos limites entre o Brasil e o Paraguai, houve uma série de tratados e negociações nos anos 1850 que definiram a fronteira como sendo o rio Paraná, um elemento natural. Após a Guerra da Tríplice Aliança (ACOSTA, 2013), nos anos 1870 foram celebrados novos tratados para resolver os litígios decorrentes das disputas na região onde localizava-se o estado brasileiro do Mato Grosso, não afetando os limites da região da Tríplice Fronteira. No caso do limite entre Argentina e Brasil, a região da Tríplice Fronteira não foi objeto de litígio, mas teve a situação definida em 1898, quando os tratados de limites entre os países foram assinados, após a resolução da Questão de Palmas, definindo os limites dos países também em rios. A fronteira entre Argentina e Paraguai, após disputas decorrentes das negociações do pós-guerra, ficou definida no rio Paraná. Dessa forma, as linhas limites que unem os três países acabaram por ser consolidadas em elementos naturais, os rios.

Retomando a questão do tipo de fronteiras, cabe destacar que Ratzel entendia – ainda que com ressalvas – as fronteiras naturais como mais importantes. Nesse ponto, Jacques Ancel apresenta-se como contestador de algumas ideias de Ratzel, afirmando que não há como estabelecer uma norma definidora do que é uma fronteira natural ou artificial. O geógrafo francês considerava-as como um fenômeno precário, que era periodicamente alterado e que deveria levar em consideração as características de cada Estado (CARVALHO, 1939). Todavia, cabe lembrar que, apesar de enfatizar a importância dos elementos naturais como barreiras fixas no solo, Ratzel considerava também as fronteiras como zonas em constante movimento, afirmando que esse movimento orgânico de expansão é obrigado a parar quando encontra alguma barreira física ou quando se defronta com outra força semelhante em sentido contrário (FERRARI, 2014).

Nesse sentido, considerando a região da Tríplice Fronteira, nota-se que a Guerra da Tríplice Aliança opôs forças militares e, após a derrota, o Paraguai saiu também politicamente enfraquecido. Sobre a região de Misiones, seria incorreto afirmar que foram somente os efeitos da guerra que definiram a posse argentina da região, mas é inegável que a disputa entre forças de função semelhante influenciou no resultado. A posse da região de Misiones para a Argentina é um efeito do movimento de expansão de um lado e de retração de outro. Na fronteira entre Argentina e Brasil, a expansão argentina encontrou outra força em sentido oposto, ao reivindicar parte do território brasileiro, na chamada Questão de Palmas (VARGAS, 2017). A Argentina teve, então, de cessar o movimento ao encontrar-se com outra força em sentido inverso, nesse caso, o Brasil. Na Questão de Palmas, desde o período das independências dos países latino-americanos, no primeiro quarto do século XIX, a Argentina reivindicava a posse de parte do território que atualmente compõe o oeste de Santa Catarina e o Sudoeste do Paraná, conhecida como região das Missões. O contencioso foi resolvido em 1889, através de sentença arbitral acatada por ambas as partes. O processo teve a mediação do presidente dos EUA, Grover Cleveland, que concedeu ganho de causa ao Brasil, adjudicando-lhe o território em disputa.

Retornando ao pensamento de Ancel, esse geógrafo apresentou uma tipologia de fronteiras em três categorias: Estados amorfos (não tem fronteiras e nem limites estáveis, mas espaços onde encontram-se com outras sociedades), fronteiras movediças (estão delimitando-se e podem estar em formação, estáveis, em expansão ou em regressão) e fronteiras plásticas (podem estar definidas, mas sua região sempre estará sujeita a mudanças). Na definição de fronteiras plásticas, Ancel faz suas principais ponderações em relação às fronteiras naturais, afirmando que se tratavam apenas de uma ficção conceitual. Para o autor, a fronteira natural sempre foi muito mais um tipo ideal do que um limite real. Assinala que o conceito de fronteira natural surge junto com o Estado-Nação moderno, na evolução da cartografia no período renascentista, e que seus quadros geográficos, expressos em linhas nos mapas, foram construídos por teóricos e diplomatas sem consultar os povos localizados nesses lugares. Considera-as como recortes artificiais, que buscavam certo equilíbrio demográfico, não podendo ser chamadas de fronteiras naturais (CARVALHO, 1939).

Ainda discutindo as fronteiras plásticas, Ancel afirma que as verdadeiras fronteiras físicas que separam os homens são os grandes vácuos humanos, como as planícies geladas, os oceanos, os pântanos, as grandes extensões arenosas, entre outros exemplos de características físicas que dificultam a mobilidade humana (CARVALHO, 1939). Mesmo assim, em tais regiões há povos que habitam e desenvolvem civilizações, ainda que isoladas. A região da Tríplice Fronteira, até a definição dos limites entre os países, não era um desses espaços desocupados ou inóspitos, mas um território que ainda não possuía presença proeminente dos Estados que se consolidavam. Povos originários habitavam a região mesmo antes dos processos colonizadores, e durante o período colonial houve incursões de conquistadores e de delegações jesuíticas na região.

Cabe destacar que Ratzel desenvolveu suas representações na segunda metade do século XIX, em uma fase histórica em que os Estados surgiam e deixavam de existir, muitas vezes em um movimento de nascimento, crescimento e desaparecimento, tal como organismos vivos. Ancel foi um geógrafo da fase em que o modelo moderno de Estado estava consolidado, na primeira metade do século XX, quando as fronteiras eram vistas mais claramente como definidoras de relações entre os Estados-Nações que haviam se tornado grandes regiões politicamente definidas.

Richard Hartshorne, por sua vez, foi um geógrafo estadunidense que publicou suas principais obras da década de 1930 aos anos 1960. Entre os anos de 1930 e 1940, como não havia sido desenvolvida nenhuma metodologia consistente para a definição das fronteiras, considerando-as como naturais ou artificiais, a Geografia passou a preocupar-se mais com a descrição do que com sua classificação, pois o embate natural/artificial tornou-se sem sentido. Hartshorne posicionou-se a partir da afirmação de que todas as fronteiras políticas são obra do homem, ou seja, todas são artificiais. Para o autor, não havia sentido em se considerar qualquer classificação de fronteiras políticas como naturais ou artificiais, visto que, ainda que um elemento como uma montanha ou um rio servisse de referência, é o homem e não a natureza quem determina que essa é uma linha ou um ponto limítrofe de um país (DIENER e HAGEN, 2010).

A afirmação de Hartshorne de que, mesmo que haja alguma referência no solo, é o homem quem define que esse será um limite político administrativo (DIENER e HAGEN, 2010), está em acordo com a situação da maioria dos limites nacionais vigentes, não sendo diferente na Tríplice Fronteira. As linhas que definem os territórios dos três países na região da Tríplice Fronteira são formadas por elementos considerados naturais, que são os rios Iguaçu e Paraná. No entanto, não foi a existência dos rios que determinou onde seriam os limites, mas os acordos políticos realizados pelos respectivos governos.

No caso dos limites entre o Brasil e o Paraguai, cujas primeiras tratativas datam de 1844, o Brasil reivindicava o Rio Apa como fronteira, enquanto que o Paraguai desejava a fronteira no Rio Branco, afluente do Rio Paraguai, o que concederia ao país a porção sul da Serra da Bodoquena e da planície do pantanal, não havendo interferência na região da Tríplice Fronteira. Os limites do Brasil com a Argentina, na região da Tríplice Fronteira, foram objeto de disputa na Questão de Palmas, quando ambos os Estados desejavam a posse de um território valioso em termos de potencial produtivo para a agricultura e para o controle da navegação na Bacia do Prata. Sendo assim, apesar de as fronteiras terem utilizado os rios para definirem as linhas limítrofes, houve disputas sobre a consolidação dos limites em um rio ou em outro, em ambos os casos, envolvendo elementos de poder, sendo definidos por ações políticas. Em casos como a fronteira entre Brasil e Bolívia, por exemplo, em determinadas regiões as fronteiras são linhas imaginárias no solo, que demarcam o resultado de uma negociação. Se nessas regiões houvesse um rio, haveria a possibilidade de utilizá-lo como marca de referência.

Os apontamentos de Hartshorne, Ancel e Ratzel constroem, de forma complementar, parte da história e da construção do conceito de fronteira. Se é verdade que as fronteiras do Estado-Nação moderno, politicamente reconhecidas, são obra da ação política e não de fenômenos naturais, também é certo que elementos da natureza servem tanto de referencial como de espaço de disputa na definição das linhas que delimitam um Estado. Contudo, a definição de limites e a consequente posse do espaço não são processos automáticos, pois, após a posse ser definida, é necessário ocupar o espaço. Essa é uma das contribuições da Geopolítica para a discussão sobre fronteiras, tema da parte seguinte deste texto.

Ocupação do espaço: o ponto de vista da Geopolítica

No caso de um Estado nacional, para Meira Mattos (1977), é um erro um estadista considerar que a soberania de um espaço esteja garantida somente com os acordos políticos e a definição das linhas limites. Para o autor, isso é apenas uma ficção jurídica, pois, na prática, a fronteira é uma realidade palpável e dinâmica, sendo que a ocupação do espaço é condição imprescindível para demarcar o espaço soberano. Conforme destacava Ratzel, referindo-se ao mundo do final do século XIX, a fronteira é o órgão periférico do Estado que, em seu processo de crescimento territorial, absorve as regiões politicamente importantes de outros Estados (CASTRO, 1999) e, assim, a não ocupação ou não utilização do espaço pode gerar problemas com Estados vizinhos.

A definição dos limites territoriais e o respeito mútuo à soberania estatal tinham o intuito de evitar esse tipo de problema, sobre o que Backheuser (1945) afirmou que nenhuma nação se sente estabilizada antes de terem sido firmados os limites do país. A ocupação efetiva do espaço limítrofe pelo Estado representa a alteração de uma fronteira que é uma ficção jurídica para uma realidade palpável. Essa transformação de ficção em realidade, abordada por Meira Mattos (1977), encontra consonância com a abordagem de Backheuser em uma concepção antropogeográfica, quando afirma que

> A ocupação humana do pedaço de terra afinal de contas é um fato de geografia política, pois revela que o território teoricamente nacional, isto é, juridicamente nacional, alcançou uma tradução antropogeográfica, definitiva e insofismável. Pela ocupação, o homem se liga à terra (BACKHEUSER, 1945, p. 20).

Tanto Backheuser (1945) como Heinsfeld (2014) destacam que o primeiro passo geopolítico que ocorre é a conquista do espaço e, posteriormente, a demarcação das linhas de fronteira. A ocupação do espaço, por sua vez, pode ocorrer tanto na fase de conquista como nos períodos seguintes. Essa ocupação é o que gera apropriação de uma determinada parcela geográfica do território e desdobra-se em uma dominação política e econômica, concreta e funcional, passando também pela apropriação cultural, mais simbólica e subjetiva (VARGAS, 2017). Nesse sentido, os Estados podem apoderar-se dos espaços fronteiriços de diversas formas, sendo as mais comuns o povoamento por meio da colonização e a instauração de instituições estatais.

O povoamento pela via da colonização ocorre através de iniciativas do Estado no sentido de induzir pessoas e comunidades a ocuparem determinada região, no intuito de gerar atividades econômicas e sociais que liguem o espaço ao Estado. Essa é a colonização entendida como um sistema oficial, do Estado, de alocação de imigrantes em propriedades, formando núcleos (HEINSFELD, 2014). Esse não é um movimento espontâneo, pois é dirigido pelos agentes estatais, com o interesse de atingir um objetivo político, econômico ou geopolítico. Quando se trata da formação e consolidação dos Estados nacionais, muito comumente essas ações são voltadas para áreas fronteiriças e para aquelas regiões consideradas como territórios vazios. Na maioria das vezes, esses espaços não são vazios humanos, mas lugares onde existem agentes ocupacionais que estavam instalados anteriormente ao processo de colonização. Sendo assim, o processo de ocupação do espaço por meio de políticas estatais é muito mais um processo de institucionalização do Estado no espaço do que da ocupação de um território vazio.

Além do deslocamento de pessoas ou grupos de pessoas, outra forma de ocupação do espaço por parte do Estado nas fronteiras é a instituição de órgãos oficiais que representem o poder político. Esses órgãos podem ser de controle de fluxos nas fronteiras, de facilitação e fiscalização do comércio ou mesmo instituições voltadas à defesa nacional e à conservação da integridade territorial, representados nesse caso pelas forças militares. Esses fatores podem ocorrer em diferentes momentos da formação de um Estado e fazem parte do processo de interconexão das diferentes regiões que estão no território estatal, pois, após o processo de conquista, de demarcação e ocupação de um território de fronteira que se encontra em uma região distante de seu núcleo político e econômico, o passo seguinte é a ligação com as regiões política e economicamente mais importantes.

Considerando a Tríplice Fronteira e os elementos até aqui apontados como essenciais para os pensadores da Geopolítica, percebe-se que os três países adotaram estratégias diferentes no processo de transformação antropogeográfica da região, mas que levaram a Tríplice Fronteira a superar a característica de uma ficção jurídica para tornar-se uma realidade palpável, através da ocupação do solo e da ligação do homem com a terra. No caso do Brasil, o primeiro movimento de ocupação foi a instalação de uma colônia militar em 1889, na região onde mais tarde, em 1914, foi fundada a cidade de Foz do Iguaçu. A primeira estrada de terra que permitiu o acesso à região chegou à cidade em 1920 e, em 1939, foi fundado o Parque Nacional que abriga as Cataratas do Iguaçu, cuja delimitação coincide com a linha limítrofe entre Brasil e Argentina. No lado argentino, foi em 1897 que a primeira ocupação ordenada, um povoado, se instalou nas proximidades da região da fronteira, dando origem posteriormente, em 1902, à primeira cidade argentina da região, Puerto Aguirre, que mais tarde veio a chamar-se Puerto Iguazú. Em 1928, o Estado argentino comprou as terras nas quais fundou, em 1934, um Parque Nacional que, assim como o brasileiro, é delimitado pela fronteira entre os dois países. O acesso terrestre à região, pela Ruta 12, ocorreu em 1938. No Paraguai, a ocupação efetiva aconteceu apenas nos anos 1950, com a chegada de uma rodovia ligando a capital do país ao seu extremo leste, em 1955. Em 1957 foi fundada a principal cidade paraguaia da região, que mais tarde passou a chamar-se Ciudad del Este.

Therezinha de Castro (1999, p. 43-45) considerou que, no processo de formação dos Estados, o núcleo geo-histórico e o ecúmeno estatal de um país são elementos fundamentais para o entendimento da dinâmica de definição de fronteiras e da ocupação do espaço. O núcleo geo-histórico é o espaço onde se forjou o ímpeto criador de uma cultura, levando posteriormente à implantação de um Estado. O ecúmeno estatal é a porção do Estado que contém a população mais numerosa e a rede de comunicações e transporte mais densa. Nem sempre essas duas regiões coincidem, mas geralmente são esses os centros de onde é irradiada a expansão da ação e das instituições do Estado.

No entanto, podem surgir objetivos econômicos, políticos ou sociais que venham a despertar o interesse por determinada região em mais de um Estado. Nesse caso, se cada um deles julgar-se no direito de englobar a área de interesse, surge uma zona de fricção que pode gerar conflitos (CASTRO, 1999). Áreas distantes dos grandes centros, em regiões fronteiriças afastadas do núcleo geo-histórico e do ecúmeno estatal, sempre foram, ao longo da história da formação dos estados, regiões sob risco de serem perdidas..

Castro (1999), ao referir-se aos grandes impérios, denomina como colônias os espaços que estavam sob o controle central, mas que não estavam fisicamente ligadas à região metropolitana. Aos núcleos que estavam sob controle de um governo central e que se encontravam em territórios contíguos, a autora denomina de satélites. Assumindo essa denominação e transferindo essa lógica para o território de um Estado, a partir do início do século XX, é possível caracterizar como colônias as regiões desconectadas do núcleo geo-histórico e do ecúmeno estatal, mas que estão sob o controle estatal soberano. A partir do momento em que tais regiões passam a possuir redes de comunicação e transporte que as conectam com as regiões política e economicamente centrais, deixam de ser colônias e passam a denominar-se regiões satélite.

Do ponto de vista geopolítico, uma última questão a ser considerada em relação às fronteiras é a infraestrutura. As regiões com maior densidade de redes de transporte e comunicação de um Estado, em geral, são aquelas onde este originou-se ou onde iniciou-se o seu desenvolvimento urbano e industrial (CASTRO, 1999). Embora a autora não considere em seus conceitos, é inegável que a geração de energia é outro fator fundamental para as regiões centrais. As denominadas regiões satélites, quando se integram ao país, estão primariamente ligadas a esses centros pela infraestrutura econômica, formada pelos sistemas de transporte, comunicação e geração de energia. Essa dinâmica não se aplica apenas às regiões de fronteira, mas a qualquer espaço dentro do território soberano de um Estado.

Todavia, nas regiões de fronteira há uma peculiaridade, que é a possibilidade de maior proximidade com núcleos geo-históricos ou com ecúmenos estatais do Estado vizinho. Além disso, é importante considerar que esse fenômeno está replicado no "outro lado da fronteira", pois a região satélite do Estado vizinho também pode estar conectada a centros decisórios e a espaços econômicos ativos fora do espaço soberano do Estado a que pertence. Essa peculiaridade faz com que a geopolítica das fronteiras tenha que considerar sempre a dinâmica existente na região da fronteira, mas também as condições do Estado vizinho. O papel da infraestrutura nessa questão é fundamental, pois obras físicas como pontes, gasodutos ou túneis realizam conexões que permitem a facilitação de fluxos. Esse tipo de ligação através de estruturas físicas não removíveis gera relações duradouras e depende de entendimento e confiança mútua, baseados em projetos de longo prazo. Obviamente, a falta de confiança e de entendimento pode também gerar obras de infraestrutura, como muros, que também expressam o *status quo* de uma relação e indicam planos de longo prazo.

Se a infraestrutura pode representar pontes de ligação ou muros de separação, também pode indicar o direcionamento que o Estado deseja para as relações de uma região de fronteira. A infraestrutura física pode direcionar a atividade econômica e os fluxos para outras regiões no interior do Estado, ou então para o exterior, aumentando a conexão com o Estado vizinho, sendo que as rodovias são o exemplo mais prático dessa dinâmica.

Na Tríplice Fronteira, o período entre o final do século XIX e os anos 1950, portanto, pode ser considerado como a fase em que houve a apropriação por cada Estado de sua respectiva parcela do espaço, além de consolidarem-se as condições para que a região da Tríplice Fronteira deixasse de ser, nos três Estados, uma região periférica para que se tornasse região satélite. Nas décadas seguintes, entre os anos 1950 e 1990, o que ocorreu foi uma interconexão das unidades fronteiriças através de obras de infraestrutura, pois foi a fase em que foram construídas as pontes que ligam as rodovias brasileiras com as rodovias do Paraguai e da Argentina, além da instalação dos aeroportos internacionais nos três países e da construção da usina de Itaipu Binacional.

No ano de 1965 foi inaugurada a Ponte da Amizade, que liga o Brasil e o Paraguai, e, em 1985, a Ponte Tancredo Neves, ligando Argentina e Brasil, facilitando consideravelmente os fluxos entre essas cidades, que passaram a ser terrestres, ao invés de fluviais, através de balsas. Em 1972 foi inaugurado um aeroporto internacional no lado argentino e, em 1974, as instalações do aeroporto brasileiro, inaugurado em 1941, mudaram para uma nova estrutura, passando a ter também o status de internacional. No Paraguai, o aeroporto Internacional Guaraní, na cidade de Minga Guazú, que faz parte da Região Metropolitana de Ciudad del Este, iniciou suas atividades em 1993. A região da Tríplice Fronteira, dessa forma, tornou-se um entroncamento capaz de conectar, pela via terrestre ou aérea, não somente cada cidade ao ecúmeno estatal ou ao núcleo geo-histórico se seu próprio país, mas também a essas regiões dos países vizinhos. Além disso, entre Argentina e Brasil, os parques nacionais de ambos os lados serviram, desde a sua conformação, como área tampão para possíveis interesses expansionistas de qualquer um dos dois lados, além de gerarem divisas provenientes da exploração turística. Na Argentina, em 1902 foi realizado o primeiro levantamento detalhado da região das Cataratas do Iguaçu, estudo esse que deu base para o estabelecimento do Parque Nacional através da Lei 12.103 no ano de 1934, com área de pouco mais de 67 mil hectares. No Brasil, o Parque Nacional foi criado pelo decreto-lei 1.035 de 1939 e teve a sua área ampliada através dos decretos-lei 6.587 de 1944 e 86.676 de 1981, possuindo atualmente mais de 185 mil hectares.

Como destacado anteriormente, obras físicas de estruturas não removíveis geram relações duradouras e dependem de entendimento e confiança mútua, baseados em projetos de longo prazo. No caso da Tríplice Fronteira, a usina hidrelétrica de Itaipu, construída entre 1974 e 1985, representa esse fenômeno, sendo até os dias atuais a principal obra de integração entre o Brasil e o Paraguai. Além de ser uma estrutura que demanda entendimentos políticos e técnicos constantes, a usina passou a ser um dos principais fornecedores de energia para ambos os países e, para o Paraguai, uma forma de geração de divisas para o Estado. Ademais do que representa para cada governo e para as economias nacionais, na Tríplice Fronteira, a hidrelétrica foi responsável pela principal transformação econômica e demográfica da região na virada da década de 1970 para a de 1980 (ver Capítulo 3).

Porém, além da integração física, outros fatores influenciaram nas regiões de fronteira quando elas já estavam consolidadas, pois passaram a fazer parte da realidade nacional e internacional concomitantemente. A partir do último quarto do século XX, novos fenômenos passaram a influenciar na realidade das regiões fronteiriças, gerando uma nova discussão conceitual sobre as fronteiras.

Segurança e comércio: temas concorrentes

No limiar do século XXI, a discussão sobre o conceito de fronteira incorporou outros elementos. Durante a Guerra Fria, por conta da evolução das tecnologias de transporte e comunicação por terra, mar e ar, as grandes potências criaram zonas de influência para além de suas fronteiras jurídicas (MINCA e VAUGHAN-WILLIAMS, 2012), matizando a soberania e a balança de poder e tornando comum o uso de termos como fronteira ideológica. Nesse mesmo período, como destacam Diener e Hagen (2010), as fronteiras nacionais também eram contestadas pelos comunistas, que queriam o seu fim, e pelos capitalistas, preocupados com a liberalização do comércio, que queriam a redução do seu papel como barreira. É desse contexto que emergem os processos dicotômicos entre interação e separação e entre comércio e segurança.

Quando se pensa na fronteira como espaço de separação ou de interação, a linha de referência é a do limite dos Estados nacionais. As discussões sobre as características das linhas de delimitação dos territórios foram deixando de ter importância na mesma medida em que se solidificou o Estado-Nação moderno e que o espaço onde cada unidade exerce sua soberania foi demarcado. Ainda que disputas ocorram até hoje sobre determinados espaços reclamados por mais de um Estado, conceitualmente as fronteiras passaram a representar a linha divisória entre os países ou o espaço territorial contíguo da região onde essas linhas estão localizadas, se assumirmos o senso político que a fronteira passou a ter no moderno sistema de Estados (FERRARI, 2014).

Sendo assim, cada vez mais reforçou-se a ideia de que as regiões de fronteira devem ser abordadas a partir da perspectiva de sua dinâmica, que emerge a partir do limite institucionalizado, criando uma região de posição geográfica singular (MACHADO, 2007). Essa assertiva remete à ligação entre duas unidades, e não o contrário, pois considera o conjunto territorial de ambos os lados dos limites, criando uma territorialidade própria (FERRARI, 2014). Muito mais que uma linha que determina um limite, a fronteira é uma região que deve ser considerada a partir de seus elementos socioespaciais, em diversas escalas e temáticas.

No entanto, não é tarefa simples tratar das fronteiras com essa perspectiva. A cada período histórico, elas são objeto de diferentes preocupações pelos governos, pelos habitantes e pelos estudiosos do tema. A partir dos anos 1990, o tema da globalização ganhou espaço nos estudos sobre as fronteiras, a partir da visão de que se tratavam de barreiras aos fluxos de bens, pessoas e capitais e que deveriam flexibilizar os controles para a promoção do comércio mundial. No início do século XXI, em contraposição, com o terrorismo ganhando maior espaço na agenda internacional, os temas ligados à segurança passaram a demandar maior controle nestas áreas. Essa disputa entre comércio e segurança gerou uma dicotomia, um paradoxo, que leva a diversas reflexões sobre as regiões de fronteira no século XXI.

Essa complexidade está presente na Tríplice Fronteira e um dos elementos fundamentais na compreensão da região é o efervescente comércio na região da fronteira Brasil-Paraguai. A partir dos anos 1950, a construção da rodovia que liga Asunción à divisa com o Brasil foi parte da denominada "marcha para o leste" do Paraguai, uma política de ocupação de regiões do país que economicamente ainda não eram exploradas em todo o seu potencial. A construção da Ponte da Amizade, por sua vez, uniu a Ruta 7 no Paraguai com a BR-277 no Brasil, criando um corredor terrestre que permitiu ao Paraguai o acesso pelas rodovias até o Porto de Paranaguá. Nessa lógica de expansão para o leste e de busca de um acesso ao Atlântico, política fortemente fomentada no governo Stroessner (1956-1989), Ciudad del Este tornou-se um ponto estratégico, principalmente pelo incentivo estatal ao comércio de produtos importados, com baixos custos fiscais. Isso fez com que, no limiar do século XXI – apesar da ampla propaganda de que a região da Tríplice Fronteira possui uma vocação turística –, o comércio da região de fronteira no Paraguai seja o principal atrativo regional quanto à movimentação da economia.

O fenômeno da globalização e do crescimento do comércio mundial envolve a discussão sobre a força das fronteiras nacionais como barreiras a esse fenômeno, no embate sobre protecionismo e liberalização, sempre presente nas disputas políticas que envolvem a economia. A globalização passou a pressionar a rigidez das fronteiras, particularmente por conta da exigência do mercado em relação à facilitação dos fluxos de pessoas, bens e capitais, sendo vistas pelos economistas como uma barreira geradora de custos (BRUNET-JAILLY, 2010). Projeções sobre um mundo sem fronteiras foram objeto de inúmeros estudos a partir dos anos 1990, motivados pelo crescimento dos fluxos globalizantes. A região de fronteira, muito mais que um espaço de interação entre comunidades, passou a ser tratada como o espaço dos fluxos (DIENER e HAGEN, 2010). O estrategista empresarial Keinichi Ohmae (1991), ao analisar o mundo na fase de transição da Guerra Fria para a chamada nova ordem mundial, considerava que havia um interesse pela análise de uma possível obsolescência do Estado e pelo desenvolvimento de um mundo em que as interações das demandas de consumo e as atividades de negócios definiriam as interações humanas.

De fato, as condições impostas pela globalização influenciaram as relações entre o Estado e a sociedade, criando novos papéis para os atores sociais na formulação da política, em um período de promoção da permeabilidade das fronteiras (NEWMAN, 2006). Uma das consequências foi que o aumento dos fluxos transnacionais e o crescimento da mobilidade humana e de informações fez com que o espaço das pessoas não necessariamente coincidisse mais com o espaço territorialmente delimitado do Estado (RUMFORD, 2006). Isso trouxe implicações diretas para as regiões de fronteira, pois ao mesmo tempo em que se promoveu o crescimento dos fluxos transnacionais, abriu-se espaço para as atividades ilícitas. Nesse sentido, Jaskoski, Sottomayor e Trinkunas (2015) destacam que a fronteira, enquanto instituição econômica, tornou-se lugar de cooperação, regulação e de geração de possibilidades, tanto lícitas como ilícitas.

Com isso, as atividades ilícitas deixaram mais claros determinados problemas que poderiam decorrer dessa dinâmica. Regiões de fronteira onde há uma limitada atividade estatal, combinada com fronteiras fisicamente abertas e proximidade em relação a centros onde ocorrem atividades criminosas, podem tornar-se paraísos seguros para as atividades ilícitas (KACOWICZ, 2015). Em regiões onde há uma maior ação do Estado, a atividade ilícita também ocorre, mas necessita moldar-se às circunstâncias. De qualquer forma, quando o Estado cria regras fiscais e amplia a segurança, no intuito de inibir a atividade ilícita, acaba competindo com o próprio mercado, pois essas regras podem ser uma restrição aos fluxos econômicos. Ao mesmo tempo, quando há diferentes regras em cada lado dos limites nacionais, em regiões de fronteira cria-se um incentivo para aqueles que se propõem a correr o risco de realizar a atividade ilegal, em busca de maiores lucros (JASKOSKI, SOTOMAYOR e TRINKUNAS, 2015).

O grande volume de mercadorias que circulam na Tríplice Fronteira, juntamente com o elevado número de pessoas e automóveis que circulam diariamente na Ponte da Amizade, aliados à impossibilidade de fiscalização de todos aqueles que cruzam a ponte, abre espaço para a existência das atividades ilícitas. Essa é uma das questões que devem ser consideradas sempre que se analisa a região da Tríplice Fronteira, pois, no limite entre Brasil e Paraguai, o mecanismo estatal presente dos órgãos fiscais e de segurança não possui estrutura suficiente para fiscalizar a totalidade do fluxo de pessoas e bens. Toda essa dinâmica faz parte da dicotomia entre a abertura de mercado, que gera dinamismo econômico pelo aumento dos fluxos de capitais, bens e pessoas, mas abre espaço para a atividade ilícita, que se aproveita da redução ou da não implantação de mecanismos de controle. Nesse ponto, o Estado tem o papel de regular esses fenômenos nas regiões de fronteira.

Dentre as atividades que demandam maior controle das fronteiras e que competem com a abertura das fronteiras buscada pelo liberalismo capitalista de mercado, estão os temas da segurança ligados a questões como o terrorismo. Desde o final da Guerra Fria, têm sido revigoradas muitas medidas de proteção de regiões de fronteira, no contexto de uma maior atenção ao terrorismo, entendido como ameaça para a segurança nacional (VAUGHAN-WILLIAMS, 2009), práticas que ganharam notoriedade após os atentados de 11 de setembro de 2001. As políticas de regulação de regiões de fronteira e das relações interestatais que ali ocorrem passaram a considerar como ameaças os crimes transnacionais, o terrorismo e o nexo entre esses dois elementos (KACOWICZ, 2015).

Esse conjunto de fatores forma uma moldura na qual diversas forças competem por diferentes objetivos, umas delas demandando maior fluidez nas fronteiras e outra exigindo maior rigidez nos controles. O mercado clama pela abertura das fronteiras ao fluxo de bens, pessoas e capitais, ao mesmo tempo em que a segurança, nacional e internacional, alega a necessidade de que as fronteiras sejam controladas. No centro dessa disputa está a criminalidade transnacional derivada de diversos tipos de atividades como o contrabando, o descaminho e o tráfico de drogas e armas.

Considerando que as fronteiras menos controladas propiciam o fluxo mais dinâmico de pessoas, bens e capitais, levando em conta também o fato de que o fluxo pode ser tanto lícito como ilícito, uma das causas da existência de espaços para as atividades ilícitas e fora do controle estatal é a fronteira fluida. Como essas atividades geram capitais não monitorados pelos órgãos estatais, esse capital pode ser destinado ao fomento de outras atividades desta natureza, como o terrorismo, por exemplo. Dessa forma, há uma lógica que envolve mercado e segurança, comércio e terrorismo, mas, ao mesmo tempo, atividades lícitas e ilícitas, que fazem parte da realidade das fronteiras no século XXI.

Relativamente aos temas da segurança, a questão do terrorismo é um assunto sempre presente quando se trata da Tríplice Fronteira desde os anos 1990, quando ocorreram os atentados à Embaixada de Israel em Buenos Aires em 1992 à Asociación Mutual Israelita-Argentina (AMIA), também localizada na capital do país. Nessas ocasiões, a Tríplice Fronteira foi apontada como porta de entrada de terroristas. Cabe lembrar que, na mesma época, em 1993, ocorreu o primeiro atentado ao World Trade Center, nos EUA. Após os atentados de 11 setembro de 2001, o terrorismo ganhou um novo patamar na agenda internacional, e as atenções para a Tríplice Fronteira passaram a ser mais claras e manifestas por órgãos estatais e pela imprensa. Em grande medida, tais inculpações são fruto da existência de uma grande comunidade árabe na Tríplice Fronteira, em sua maioria com atividades ligadas ao comércio e que realizam remessas de capitais a países do Oriente Médio (ver Capítulos 2, 4 e 5).

Assim, a partir de pressões internacionais e de preocupações dos governos dos três países, o maior controle dos fluxos na Tríplice Fronteira é um fator presente na dinâmica da região. A segurança internacional e o comércio transnacional como temáticas fronteiriças do século XXI, portanto, são fenômenos presentes e evidentes na região da Tríplice Fronteira e devem ser considerados como elementos conceituais e empíricos ao analisar-se essa região. Além disso, é importante destacar que esses dois pontos não são exclusividade da Tríplice Fronteira e, por isso, têm sido objeto de discussões teóricas e conceituais ao se tratar das fronteiras no século XXI.

Considerações finais

Fronteira é um conceito em constante mutação. Desde as primeiras concepções sobre os espaços de contato entre civilizações, até as bem delineadas linhas cartográficas que utilizam as mais modernas ferramentas digitais, muito discutiu-se sobre o que é fronteira e qual o papel que ela exerce na organização e funcionamento das sociedades. Realizar um apanhado de tudo o que se discutiu sobre esse tema ao longo da história é uma tarefa hercúlea. No entanto, utilizando-se de referenciais espaciais e temporais, é possível entender como essa questão foi discutida ao longo do tempo, permitindo assim construir ideias e conceitos funcionais para aqueles que se aventuram a estudar essa complexa temática.

O conceito de fronteira tem sido debatido ao longo dos tempos, principalmente a partir da segunda metade do século XIX, quando o sistema internacional passou a configurar-se nos moldes do Estado-Nação moderno. Tendo esse objeto como referência e a Tríplice Fronteira como pano de fundo, esse texto apresentou o debate da Geografia sobre fronteiras naturais e artificiais, a abordagem da Geopolítica relativa à ocupação do espaço e o comércio transnacional e a segurança nacional como temas mais contemporâneos que envolvem a discussão do conceito de fronteira.

Verificou-se que esses aportes conceituais se aplicam ao caso da Tríplice Fronteira, tanto pela sua história constitutiva como pelas suas peculiaridades no período contemporâneo. A Tríplice Fronteira reúne vários dos aspectos concretos das fronteiras que embasaram o debate conceitual a seu respeito ao longo do tempo: rios como elementos divisórios naturais, mas que funcionam como limite a partir de acordos políticos e definições jurídicas; proximidade, fluidez e fluxo intenso de pessoas e mercadorias – lícitas e ilícitas – na era da globalização, ao mesmo tempo em que figura no debate contemporâneo da segurança internacional.

Para finalizar, cabem algumas observações que podem indicar a sequência dos estudos que emergem a partir deste texto. Ao longo do tempo não se desenvolveu uma teoria de fronteiras. No entanto, a fronteira tem sido objeto de análise dentro de diversos campos científicos, e o seu conceito tem sido paulatinamente aprimorado. A Tríplice Fronteira, enquanto objeto de estudo, é um amplo e frutífero espaço para a discussão do conceito de fronteira e, principalmente, é um caso a ser analisado como região de fronteira, em sua dinâmica específica, para além dos limites de se estudar a fronteira como limite estatal.

Referências

ACOSTA, G. A. *Posguerra contra la Triple Alianza: aspectos políticos e institucionais (1870-1904)*. Asunción: Servilibro, 2013.

BACKHEUSER, E. Rio Branco, geógrafo e geopolítico. *Revista da Sociedade de Geografia do Rio de Janeiro*, LII, 1945, p. 5-29.

BORIA, E. Representing the Politics of Borders: Unorthodox Maps in Reclus, Mackinder and Others. *Geopolitics*, n. 20, 2015. 142-170.

BRUNET-JAILLY, E. The state of borders and borderlands studies 2009: A historical view and a view from the Journal of Borderlands Studies. *Eurasia Border Review*, 1, n. 1, 2010, p. 1-15.

CARVALHO, C. M. D. D. Geografia das Fronteiras: obra de Jacques Ancel comentada. *Revista Brasileira de Geografia*, n. 3, jul. 1939, p. 95-110.

CASTRO, T. D. *Geopolítica: princípios, meios e fins*. Rio de Janeiro: Bibliex, 1999.

CLEMENTE, A. J.; JULIANO, M. C. *Do Estado Moderno ao Contemporâneo: reflexões teóricas sobre sua trajetória*. Curitiba: Intersaberes, 2017.

DIENER, A. C.; HAGEN, J. Borders, Identity, and Geopolitics. In: DIENER, A. C.; HAGEN, J. *Borderlines and borderlands:*

political oddities at the edge of the nation-state. Lanham: Rowman & Littlefield, 2010, p. 1-14.

DORATIOTO, F. F. M. *Maldita guerra: nova história da Guerra do Paraguai.* São Paulo: Companhia das Letras, 2002.

FERRARI, M. As noções de fronteira em Geografia. *Perspectiva Geográfica,* 9, n. 10, 2014.

HEINSFELD, A. *Fronteira e ocupação do Espaço: a questão de Palmas com a Argentina e a colonização do vale do rio do Peixe-SC.* São Paulo: Perse, 2014.

JASKOSKI, M.; SOTOMAYOR, A. C.; TRINKUNAS, H. A. Borders in the Americas: theories and realities. In: JASKOSKI, M.; SOTOMAYOR, A. C.; TRINKUNAS, H. A. *American Crossings: Border Politics in the Western Hemisphere.* Baltimore: Johns Hopkins University Press, 2015.

KACOWICZ, A. M. Regional peace and unintended consequences. In: JASKOSKI, M.; SOTOMAYOR, A. C.; TRINKUNAS, H. A. *American Crossings: Border Politics in the Western Hemisphere.* Baltimore: Johns Hopkins University Press, 2015, p. 89-108.

KOLOSSOV, V.; SCOTT, J. Selected conceptual issues in border studies. *Belgeo,* n. 1, 2013, p. 1-20.

MACHADO, L. O. Estado, territorialidade, redes: cidades gêmeas na zona de. In: SILVERIA, M. L. *Continente em chamas: globalização e território na América Latina.* Rio de Janeiro: Civilização Brasileira, 2007, p. 246-284.

MEIRA MATTOS, C. D. *A geopolítica e as projeções de poder.* Rio de Janeiro: Bibliex, 1977.

MINCA, C.; VAUGHAN-WILLIAMS, N. Carl Schmitt and the Concept of the Border. *Geopolitics,* n. 17, 2012, p. 756-772.

MOREIRA, L. F. V.; QUINTEROS, M. C.; SILVA, A. L. R. *As relações internacionais da América Latina.* Petrópolis: Vozes, 2010.

NEWMAN, D. The resilience of territorial conflict in an era of globalization. In: KAHLER, M.; WALTER, B. F. *Territoriality and Conflict in an Era of Globalization.* Cambridge: Cambridge University Press, 2006, p. 85-110.

OHMAE, K. *Mundo sem fronteiras: poder e estratégia em uma economia global.* Tradução de Maria Cláudia Santos. São Paulo: Makron, 1991.

RATZEL, F. A relação entre o solo e o Estado - Capítulo I - O Estado como organismo ligado ao solo. *GEOUSP - Espaço e Tempo,* Trad. PFRIMER, Matheus. São Paulo, n. 29, 2011, p. 51-58.

RUMFORD, C. Theorizing borders. *European Journal of Social Theory,* Londres, 9, n. 2, 2006, p. 155-169.

VARGAS, F. A. *Formação das fronteiras latino-americanas.* Brasília: FUNAG, 2017.

VAUGHAN-WILLIAMS, N. *Border Politics: The Limits of Sovereign Power.* Edinburgh: Edinburgh University Press, 2009.

2.

Entre antropólogos e internacionalistas: as perspectivas acadêmicas pós-11 de setembro

Micael Alvino da Silva

A História das Relações Internacionais é uma disciplina que incorpora os métodos da História e contribui com a construção do conhecimento científico com o dever de observar e explicar as mudanças que afetam a sociedade e impactam nas relações internacionais (REMOND, 1999, p. 13; HOBSBAWM, 2007, p. 36). Sobre a região da Tríplice Fronteira, as grandes mudanças desde o período colonial até o ano 2000 já foram objeto de análise a partir de uma perspectiva mais ampla da História (BLANC e FREITAS, 2018). O objetivo deste capítulo é contextualizar o período mais recente, especialmente o pós-11 de setembro de 2001, e analisar as publicações acadêmicas que passaram a constar dos periódicos acadêmicos e livros publicados por editoras universitárias desde 2004.[1]

A partir dos atentados terroristas de 11 de setembro de 2001, a então já existente suspeita de terrorismo sobre a região

1 Não foram considerados dois trabalhos que se enquadram no critério de publicação em periódico científico, mas cuja análise demonstrou possuírem sérios problemas teóricos e metodológicos (ARELLANO, 2013; CALDERÓN, 2017). Por opção temática, também não foram considerados trabalhos que realizaram uma abordagem sociológica de temas correlatos, como aqueles sobre a imigração brasileira no Paraguai (ALBUQUERQUE, 2010) e a precarização do trabalho na Tríplice Fronteira (CARDIN, 2011).

da Tríplice Fronteira foi elevada a um grau superior. As acusações de apoio logístico aos atentados ocorridos na Argentina na década de 1990 e de apoio financeiro a grupos terroristas, especialmente após os atentados aos Estados Unidos, recaíram sobre a comunidade árabe local, especialmente sobre os árabes-libaneses. Presente na Tríplice Fronteira desde meados da década de 1970 com a finalidade de atuar no comércio de Ciudad del Este, os chineses e os libaneses formam os dois maiores contingentes de imigrantes para a região nas últimas décadas do século XX.

Neste sentido, é correto afirmar que tanto a imigração quanto a vinculação da Tríplice Fronteira com o terrorismo são temas do tempo presente, o período histórico que representa (e as publicações acadêmicas expressam) uma mudança recente na sociedade formada em torno da região. Física e economicamente, a região foi transformada em um lugar no qual os dados demográficos saltaram de pouco mais de 30 mil na década de 1970 para 1 milhão de habitantes no início dos anos 2000. Internacionalmente, até a década de 1990, a região era de interesse exclusivo da Argentina, do Brasil e do Paraguai, e, a partir de então, passou a ser de interesse também dos Estados Unidos.

Entende-se que estas mudanças podem ser compreendidas à luz da dimensão política da História em seu significado contemporâneo. Em vez de uma História Política baseada no Estado, reconhecemos a complexidade da trama que envolve a política e o poder e passamos a ter como objeto a atuação de distintos atores e alguns elementos que norteiam a política externa dos Estados envolvidos na região. Esta dimensão está entrelaçada com os desafios impostos pela análise do tempo presente, uma demanda social posta aos historiadores e proporcionada pelo avanço dos meios de comunicação. Sua missão é "mostrar a evidência científica das verdades materiais diante do esquecimento, da amnésia ou do delírio ideológico" (RIOUX, 1999, p. 50).

No caso da Tríplice Fronteira, foi no curso do tempo presente que a região deixou de ser um conjunto de três pequenas cidades de interior de seus respectivos países (anos 1960) para se transformar na mais complexa fronteira da América Latina a partir dos anos 1990. Os dois vetores desta transformação podem ser resumidos em: integração regional e inserção internacional. Enquanto a integração produziu as mudanças estruturais, a inserção do Paraguai no comércio internacional de triangulação produziu uma mudança social importante a partir da imigração oriunda do sudeste da Ásia e do Oriente Médio. Este processo histórico é ainda mais recente e teve seu início por volta do final da década de 1970, tendo se consolidado no início dos anos 1990.

Foi a análise deste contexto, motivada pela demanda pós-11 de setembro, que motivou as pesquisas e as publicações acadêmicas sobre a Tríplice Fronteira, na esteira das então abundantes análises de jornalistas e especialistas em segurança.[2] Inaugurada pelas primeiras publicações em revistas especializadas com revisão cega por pares (FERRADÁS, 2004; SERI, 2004), a leitura dos textos revelou que as publicações ocorreram majoritariamente nos Estados Unidos e no Brasil, respectivamente, com alguns textos também de autores de nacionalidade argentina, paraguaia e israelense. A própria diversidade de nacionalidades dos acadêmicos se apresentou como um indício de que, apesar de ser um tema marginal nas academias, a Tríplice Fronteira já surgia como um tema de interesse trans-

2 Em geral, há uma grande produção internacional de jornalistas e de especialistas em segurança, neste caso ligados ao governo dos Estados Unidos, sobre a Tríplice Fronteira. O mais citado nas análises dos acadêmicos sobre a Tríplice Fronteira é o relatório de Rex Hudson (2003). Suas fontes são matérias da imprensa e outros estudos de governo e suas conclusões foram consideradas exageradas (VILLA, 2014, p. 378; LEE, 2008, p. 333).

nacional. Norteados principalmente pela preocupação com o terrorismo, os acadêmicos contribuíram para consolidar o recorte temporal e espacial circunscritos ao século XXI e à Área da Tríplice Fronteira (Figura 1).

A partir destes recortes, algumas tendências podem ser identificadas para o estudo da Tríplice Fronteira no campo das Relações Internacionais. Há duas vertentes paralelas: uma antropológica, que destaca o "lado humano" das trocas comerciais, deixando de lado os aspectos de informalidade e ilegalidade; e outra internacionalista, que se ocupa da análise da dimensão das potenciais ameaças que podem advir da região. A classificação das perspectivas em "antropológica" ou "internacionalista" serve apenas para fins didáticos e para representar os principais tipos de análises encontradas. Entre as análises antropológicas há o predomínio do campo da Antropologia Cultural, enquanto que na perspectiva internacionalista a interdisciplinaridade é a característica marcante, com estudos principalmente da Ciência Política e das Relações Internacionais.

A perspectiva antropológica

A Tríplice Fronteira é movida por um comércio baseado em fluxo de produtos e pessoas "que muitas vezes se inscrevem fora da legalidade" (RABOSSI, 2011, p. 39). A circulação ilícita abrange "o lado negro da globalização" (KACOWICZ, 2015, p. 90) e a região é também "um hub de atividades ilegais" (LEE, 2008, p. 332). Há dezenas de frases como essas nas seções de contexto histórico nas quais, em geral, os acadêmicos se dedicam a explicar a região no início de seus artigos. Nas publicações consultadas, dificilmente os autores se distanciam desse lugar comum na introdução dos textos. A esse respeito, acadêmicos e jornalistas concordam na descrição da região como um lugar onde se identifica diversas práticas ilícitas.

Foi este tipo de abordagem que incomodou profundamente um grupo de antropólogos culturais brasileiro-argentinos. No início dos anos 2000, eram pouco mais de seis pessoas, entre estudantes de doutorado e jovens doutores baseados no Rio de Janeiro e em Buenos Aires, preocupados com os estereótipos construídos pela imprensa sobre a comunidade árabe, em geral, e sobre os árabes-libaneses, em particular. A pequena rede era composta também por outros pesquisadores de outros contextos, mas que trabalhavam textos correlatos ao espaço da fronteira. O esforço daquele grupo em tratar a temática a partir de "outras narrativas" (PINHEIRO-MACHADO, 2011a) gerou alguns resultados concretos. O primeiro deles foi a promoção de eventos no Rio de Janeiro, em Buenos Aires e em Foz do Iguaçu. Foi fundado um observatório social e publicada uma coletânea de artigos acadêmicos (BÉLIVEAU, MACAGNO e MONTENEGRO, 2011). Infelizmente, o contexto e a trajetória acadêmica individual dos pesquisadores os levaram a lugares e pesquisas distintas, de modo que a rede hoje está dispersa.

Para compreender melhor a realidade observada pelos antropólogos no início dos anos 2000, é importante fazer uma breve descrição daquele contexto. A criação do comércio internacional do Paraguai para o Brasil foi uma opção política do então presidente Alfredo Stroessner. O então mandatário paraguaio acreditava que a ligação física com o Brasil poderia trazer vantagens a um comércio de triangulação de mercadorias vindas da Ásia com destino final ao mercado brasileiro.[3] As condições para o Paraguai se tornar um entreposto comercial foram dadas

---

3 O Paraguai é um país sem acesso ao mar e seu comércio internacional dependia de portos argentinos. A aproximação física com o Brasil possibilitou o acesso terrestre ao Porto de Paranaguá e Santos, para explorar os depósitos francos (CHESTERTON, 2018).

na década de 1970, mas foi nos anos 1980 que começaram a se instalar as primeiras empresas importadoras de mercadorias da Europa e da China, via Estados Unidos (porto de Miami).

O acesso ao mar concedido pelo Brasil ao Paraguai via Ponte da Amizade e Porto de Paranaguá foi combinado com a atividade de importação para reexportação. Também conhecida como triangulação comercial, a prática só foi regulamentada em 1992 com a instituição do Regime de Turismo, que concedeu benefícios tributários a consumidores estrangeiros. Foi nessa lógica que o Paraguai se tornou um entreposto comercial entre o Brasil e a China, a partir da demanda do mercado brasileiro. Em um contexto no qual não havia abertura da economia nacional, produtos de luxo como perfumes, eletrônicos, uísques, entre outros, foram os mais rentáveis e direcionados à classe média brasileira (RABOSSI, 2007).

No final dos anos 1990, os produtos que passaram a nortear o comércio em Ciudad del Este foram aqueles de baixo custo e destinados aos mercados populares. Os produtos baratos e as falsificações chinesas (pirataria) passaram a ter abundante oferta na China e alta procura nos comércios informais brasileiros. A rota das mercadorias da China via Paraguai foi o que levou a antropóloga Rosana Pinheiro-Machado a concluir que o Brasil foi conectado à China via Paraguai por meio da pirataria (PINHEIRO-MACHADO, 2011b, p. 185). As falsificações de brinquedos, produtos de luxo, softwares, CDs, DVDs, entre outros, foram predominantes no comércio do Paraguai até 2006. O contrabando e o descaminho que saía rumo ao Brasil era algo explícito até aquele ano. As imagens de centenas de ônibus e talvez milhares de pessoas que praticavam contrabando e descaminho não tinham como ser ocultadas (SILVA, 2018).

O flagrante descontrole da segurança pública da região constrangia a imagem internacional do Brasil e oferecia combustível para se evidenciar o lado negativo da globalização na Tríplice Fronteira. Foi nesse (e sobre esse) contexto que os antropólogos iniciaram suas pesquisas na região e tiveram a oportunidade de presenciar e captar os sentimentos e as representações das pessoas. Inicialmente, puderam registrar o cotidiano e as práticas comuns desde os anos 1990. No meio do caminho, de 2003 a 2006, os pesquisadores captaram como foi interpretada a mudança de postura do governo brasileiro que pôs fim ao *modus operandi* e tornou o contrabando uma atividade diferente, especializada e mais velada.

Em 2003, foi iniciada uma ofensiva conjunta reunindo Polícia Federal, Polícia Rodoviária Federal, Receita Federal, Exército Brasileiro e Ministério Público Federal para o enfrentamento do contrabando e do descaminho. A Operação Comboio Nacional, por exemplo, teve como principal resultado a apreensão gradativa das centenas de ônibus, e os "sacoleiros" deixaram de ser realidade após 2006. Esta foi uma mudança importante na dinâmica da Tríplice Fronteira, até hoje incompreendida por muitos analistas internacionais que insistem em considerar a região como um espaço semelhante ao que era na virada do século (SILVA, 2018).

As iniciativas em prol da segurança pública não encerraram a atividade de contrabandistas na região, mas foi um ataque ao comércio de produtos populares e falsificados com destino aos grandes centros brasileiros. Ao mesmo tempo, o Brasil incrementou suas relações comerciais com a China e muitos dos produtos de baixo custo passaram a entrar diretamente pelos portos brasileiros, tornando a triangulação do Paraguai obsoleta. Este processo também foi acompanhado pelos antropólogos que frequentemente faziam trabalho de campo junto aos chineses e árabes-libaneses de Ciudad del Este. Esta imersão na realidade local trouxe informações importantes para se compreender como a região funcionava no início do novo século.

Os chineses chegaram ao Paraguai no final da década de 1970, e vinte anos depois eram os principais comerciantes formalmente registrados, ficando atrás dos paraguaios e seguidos pelos árabes (RABOSSI, 2007). Enquanto os árabes criaram suas instituições religiosas e tinham um envolvimento maior na sociedade, o que se sabia sobre os chineses era apenas que haviam construído um templo budista em Foz do Iguaçu. Neste sentido, o trabalho de Rosana Pinheiro-Machado não somente foi pioneiro, como segue sendo único.

O tamanho da comunidade chinesa é baseado em estimativas. A maioria dos chineses é de Taiwan, que mantém relações diplomáticas com o Paraguai, que, por sua vez, não possui dados oficiais sobre o contingente de imigrantes. A fonte utilizada nas descrições tem sido o Consulado de Taiwan em Ciudad del Este, que se limita a indicar que havia em torno de 10 mil taiwaneses em 2000, e que este número caiu pela metade até 2005 (FOLCH, 2018; PINHEIRO-MACHADO, 2011b).

A proximidade com a comunidade chinesa revelou uma série de detalhes importantes. Para o contexto da Tríplice Fronteira enquanto lado negativo da globalização, duas situações apresentam um reforço dos ilícitos que envolvem a região. A primeira está relacionada com a prática de delitos e a segunda com a presença da máfia chinesa, algo até então considerado mero estereótipo ou sensacionalismo creditado à imprensa (PINHEIRO-MACHADO, 2011b, p. 258, 257, 264).

Diferentemente dos chineses, os árabes são mais conhecidos na sociedade e na produção acadêmica. Foram os antropólogos que buscaram a fundo o surgimento do nexo entre o terrorismo e a comunidade local, um assunto presente desde 1970, quando ocorreu um atentado à Embaixada de Israel em Asunción. Na época, de acordo com John Karam, a Polícia Federal do Brasil investigou e concluiu que não havia indícios para acusar pessoas da comunidade local. Passados mais de vinte anos, os atentados em Buenos Aires, em 1992 e 1994, e, finalmente, os atentados de 11 de setembro de 2001 aos Estados Unidos, fecharam o círculo de episódios violentos responsáveis pela "vitimização coletiva" dos árabes na fronteira (KARAM, 2011a).

Dois momentos são destaque para a chegada de imigrantes árabes na Tríplice Fronteira. Uma primeira leva chegou entre 1950 e 1970 e se estabeleceu primeiro em um centro nacional, como São Paulo ou Asunción. De São Paulo, alguns comerciantes desceram e se estabeleceram na fronteira. Em Asunción, um grupo sírio, próximo a Alfredo Stroessner, atuava no comércio da capital paraguaia. Podemos dizer que havia, até 1970, os "árabes de Foz do Iguaçu", envolvidos no comércio local e de exportação para o Paraguai, e os "árabes de Asunción", ligados ao governo paraguaio. A partir da década de 1970, o comércio aberto de Ciudad del Este começou a atrair uma nova categoria de árabes. Os "árabes de Ciudad del Este" foram o terceiro e majoritário grupo registrado pelos pesquisadores. Este grupo possui semelhanças e, ao mesmo tempo, características distintas em relação aos imigrantes já estabelecidos. Em termos de semelhanças, frequentarão os mesmos espaços sociais existentes desde a década de 1960. Em termos de diferença, contribuirão para criação de novos espaços, como a Mesquita inaugurada em meados dos anos 1980 (RABOSSI, 2007; KARAM, 2013).

Portanto, a comunidade não é homogênea e possui diversas nacionalidades e tendências, ainda que os libaneses sejam predominantes. Em termos de divergências, os sírios ligados a Stroessner, por exemplo, acusavam os libaneses de Ciudad del

Este de sonegação fiscal e subfaturamento. Já os libaneses de Foz do Iguaçu argumentavam que os milhares de dólares que iam para Ciudad del Este deveriam ficar no comércio de Foz do Iguaçu (KARAM, 2013, p. 63).

Entre os acadêmicos, é consenso que a comunidade árabe é numerosa, que a maioria provém do sul do Líbano e que possui negócios em Ciudad del Este, apesar de a maioria residir em Foz do Iguaçu (LEE, 2008). Há divergências quanto ao número de integrantes da comunidade árabe, já que alguns tentam fazer o exercício arriscado e impreciso de estimar a comunidade e incluir os descendentes nascidos no Brasil e no Paraguai. Esta tendência leva a exageros incompatíveis com a natureza científica dos trabalhos acadêmicos, como é o caso de estimar que o grupo conte com uma população entre 30 mil e 60 mil pessoas. (KITTNER, 2007, p. 315).

A maioria dos árabes vive do lado brasileiro da fronteira, por isso é legalmente obrigada a se registrar na Polícia Federal. Em 1999, havia 9.178 estrangeiros na cidade, dos quais 2.939 eram libaneses (RABOSSI, 2007). A título de comparação, em 2017, o número total de estrangeiros em Foz do Iguaçu era de 13.292, sendo 2.982 libaneses, que representam 95% do total de todas as nacionalidades do Oriente Médio.[4] Considerando estes limites, a partir de uma pesquisa de campo e com informações da mídia e de religiosos locais, parece razoável a estimativa de Fernando Rabossi, para o qual o número da comunidade árabe em toda a região ficaria em torno de 12 mil pessoas (RABOSSI, 2007).

Os antropólogos também apontaram uma característica política dos libaneses da Tríplice Fronteira. Trata-se de um grupo

---

4 Os dados atuais foram obtidos presencialmente no Sistema de Registro de Estrangeiros da Delegacia da Polícia Federal em Foz do Iguaçu.

com considerável engajamento político e social, observado também em outros lugares do mundo onde há expressivo contingente desses imigrantes. Em Foz do Iguaçu, mesmo que a presença libanesa represente algo em torno de 5% da população total da cidade, há a circulação de muitas informações sobre o Oriente Médio desde década de 1980 (RABOSSI, 2007; KARAM, 2011b).

Os jornais locais dos anos 1980 são uma fonte de pesquisa para ancorar os argumentos da conexão entre a Tríplice Fronteira e os acontecimentos no Oriente Médio. As páginas do extinto *Jornal Nosso Tempo*, por exemplo, registraram que havia, em Foz do Iguaçu, passeatas contra a invasão do Líbano por Israel em 1982; atos de solidariedade em relação à Líbia bombardeada pelos Estados Unidos em 1987; e há registro até mesmo de uma viagem ocorrida em agosto de 1984, quando um jornalista local foi à Líbia patrocinado por comerciantes da Tríplice Fronteira (RABOSSI, 2007; KARAM, 2013).

Naquela década de ouro para a integração libanesa na comunidade local, o engajamento nos temas pró-Palestina, Irã, Líbia e contra Israel eram aglutinados principalmente pelo Centro Cultural Árabe-Brasileiro. Mais do que isso, os anos 1980 também foram marcados por administrações de libaneses nas associações comerciais em Ciudad del Este e em Foz do Iguaçu. Em âmbito local, foi eleito um vereador de sobrenome Barakat, o que foi considerado como um indício de integração e representatividade (KARAM, 2011a).

As informações sobre os chineses e os árabes trazidas pelos antropólogos se apresentam como leitura indispensável para compreender o contexto da Tríplice Fronteira. Inicialmente, aquele grupo de acadêmicos estava preocupado em produzir novas narrativas que não estivessem associadas ao lado negativo da globalização, especialmente ao terrorismo. No entanto, do que foi apresentado até aqui, a análise dos chineses reforça o contexto dos ilícitos, e a análise sobre os árabes reforça a disposição para as questões de cunho político. Em geral, os árabes da Tríplice Fronteira formam uma comunidade conectada com os acontecimentos do Oriente Médio, especialmente do Líbano.

Limites da perspectiva antropológica

A ausência de estudos internacionais e a profunda conexão com os temas globais levou alguns dos antropólogos a avançar para o campo das relações internacionais. Quando isso ocorreu, as tentativas de inferir sobre a realidade internacional se traduziram em equívoco ou em defesa de uma causa. Entre uma coisa e outra, o equívoco é mais aceitável para os padrões acadêmico-científicos. Foi o que ocorreu com as conclusões de Carmen Alicia Ferradás (2004), Rosana Pinheiro-Machado (2011a; 2011b) e José Carlos Aguiar (2015).[5]

Inaugurando as produções acadêmicas em periódicos revisado por pares, Carmen Alicia Ferradás concluiu que a Tríplice Fronteira era uma região decadente e sem futuro (FERRADÁS, 2004, p. 426). A experiente antropóloga fez sua pesquisa de campo a partir do lado argentino e suas conclusões basearam-se em comentários de pessoas que encontrava em sua hospedagem e nos táxis que utilizava. Naquele momento, a Argentina vivia um período de crise econômica e Puerto Iguazú, desde 1950, é o lugar menos desenvolvido economicamente da Tríplice Fronteira. Se apropriar da percepção cotidiana das pessoas daquele lado da fronteira turvou a constatação da pesquisadora. Na realidade,

5 Ferradás e Aguiar aparentemente não possuem ligações com o grupo de antropólogos argentino-brasileiros. Produziram análises distintas, mas utilizam o mesmo método antropológico, a etnografia.

o movimento geral que pode ser observado, graças ao impulso do comércio de Ciudad del Este, foi uma maior circulação de dinheiro nos três lados da fronteira. Ao invés de confirmar a decadência, Puerto Iguazú foi a cidade que registrou maior crescimento demográfico nos três lados da fronteira. De 2000 para 2010, as três cidades cresceram em média 33%, sendo que somente Puerto Iguazú cresceu 161% (SILVA, 2015; 2018). Portanto, apesar de enfrentar certas dificuldades econômicas sazonais, a região estava longe de entrar em decadência.

Na sua análise sobre os chineses, Pinheiro-Machado foi surpreendida pela ação do Estado brasileiro (Operação Comboio Nacional). Seu nível de envolvimento com as pessoas que compravam mercadorias no Paraguai e as revendiam no Brasil a levou a concluir que "toda a Tríplice Fronteira perde" com a fiscalização federal. Em sua visão, a repressão do Estado às práticas ilícitas de contrabando e descaminho traria impactos negativos para toda a região e atingiria até mesmo a China (PINHEIRO-MACHADO, 2011a, p. 144). Sem demonstrar ter percebido, a própria autora reconheceu o fato de que as mercadorias da China apenas encontraram outra rota de entrada no Brasil. O que a Tríplice Fronteira de fato perdeu foi a possibilidade de se registrar imagens de comboios de ônibus. Se as declarações do Consulado de Taiwan estiverem corretas, é possível que tenha ocorrido também uma imigração chinesa para outros lugares. O comércio de triangulação seguiu seu curso movimentando uma média de US$ 3,1 bilhões por ano, de 2006 a 2016 (CESAR, 2016). Não é possível afirmar que a China tenha perdido alguma coisa.

Mais recentemente, ao tratar dos contrabandistas como atores não estatais nos espaços de fronteira, José Carlos Aguiar concluiu que o Brasil flexibilizou as regras com a aprovação da chamada Lei do Sacoleiro[6] e promoveu uma ampla legalização do contrabando. Nesta lógica, o Estado brasileiro reconheceria os impactos econômicos da fiscalização e as "perdas" que Rosana Pinheiro-Machado havia indicado. Os sacoleiros eram os atores não estatais beneficiários da medida. É possível que Aguiar, assim como Ferradás e Pinheiro-Machado, tenha chegado a esta conclusão a partir da visão de alguns dos atores locais. Confrontado com dados, a assertiva não possui sustentação, já que a Lei do Sacoleiro é praticamente uma letra morta. Em 2014, o comércio de triangulação movimentou US$ 4,76 bilhões, de acordo com o Banco Central do Paraguai (CESAR, 2016). A Receita Federal do Brasil registrou o ingresso de apenas 0,01% daquele valor via Lei do Sacoleiro (SILVA, 2019).

O caso que representa maior discrepância de conexão entre a Tríplice Fronteira e os temas internacionais vem das análises de John Tofik Karam. Seus argumentos são bem construídos, mas quando tocam às relações internacionais não podem ser validados. Este é o caso de três argumentos desse autor, desenvolvidos em textos diferentes. Para o autor, a partir da Tríplice Fronteira, os libaneses redesenharam a geopolítica sul-americana; apoiaram a democracia no Brasil; e expressaram seu antiamericanismo, que era compartilhado com a população local.

De acordo com o primeiro argumento, os libaneses se espalharam pelas Américas desde o final do século XIX e construíram redes que facilitam o comércio por meio de relações pessoais e de parentesco. Em relação ao comércio, não é exagero afirmar que os libaneses "ajudaram a construir esta fronteira". Contudo, de ajudar na construção do lugar a "redesenhar a geopolítica sul-

6 A Lei 11.898/2009 permite que pequenos empresários importem de Ciudad del Este em torno de US$ 25 mil por ano, com taxação especial.

-americana" (KARAM, 2013, p. 144) há uma diferença muito grande. Esta afirmação superestima a imigração e subestima o processo de integração regional posto em marcha desde a virada do Paraguai em direção ao Brasil, concretizada nos 1950. O lucrativo comércio de Ciudad del Este, onde atua a maior parte da comunidade libanesa da região, foi uma consequência e constitui uma parte da aproximação entre ambos os países.

Esta constatação é um demonstrativo do limite das análises antropológicas para os fenômenos internacionais. O contexto histórico e geopolítico da América do Sul torna afirmações como estas um exagero justificável à luz do escopo da análise. Afirmar a importância da diáspora libanesa na fronteira do Brasil com o Paraguai é diferente de se concluir que uma comunidade com 12 mil pessoas foi capaz de influenciar decisivamente o destino geográfico e político de milhões de sul-americanos.

Em seu segundo argumento aqui analisado, Karam atribuiu ao então governo militar o Brasil, em 1976, o reconhecimento da importância geopolítica dos árabes da Tríplice Fronteira por conta da nomeação de uma rua, em Foz do Iguaçu, com o nome de República do Líbano (KARAM, 2013, p. 64). É possivelmente verdade que havia algum contato entre militares da esfera local, ligados principalmente à construção de Itaipu, e da esfera nacional. Certamente havia alguma influência na nomeação do então prefeito da cidade, Clóvis da Cunha Vianna, que era um engenheiro civil. Foi ele quem assinou o documento oficial de nomeação da rua. No entanto, trata-se de uma atitude local que não pode entrar na conta de Brasília e, consequentemente, não sustenta o argumento do autor.

A mesma fragilidade se observa no argumento de que os libaneses contribuíram para a redemocratização do Brasil, a partir da Tríplice Fronteira. Esta análise ignora que, em meados da década de 1980, o tamanho de Foz do Iguaçu a tornava visível para o Brasil somente por meio da Itaipu Binacional, que começava a gerar energia. Para defender seu argumento, Karam enfocou em uma pessoa de sobrenome Barakat que se tornou vereador no período que acabava a era dos governos militares no Brasil. A única ligação entre o vereador de Foz do Iguaçu e a vida política nacional era o Partido Movimento Democrático Brasileiro (PMDB). A história política do Brasil demonstra que dificilmente esta ligação seria suficiente para afirmar que os libaneses de Foz do Iguaçu foram importantes para o contexto de redemocratização do país.

Por fim, na narrativa de Karam, além de cruciais para a geopolítica da América do Sul e para a redemocratização no Brasil, os libaneses demonstraram o quanto seu antiamericanismo era compartilhado pela população da Tríplice Fronteira. Isso teria ocorrido em 11 novembro de 2001, quando ocorreu em Foz do Iguaçu o evento Paz Sem Fronteiras, uma atividade com o objetivo de defender a comunidade local das acusações de terrorismo. Na avaliação do autor, o engajamento dos árabes mobilizou em torno de 45 mil pessoas e foi uma expressão do antiamericanismo compartilhado entre os libaneses e a comunidade local (KARAM, 2011b, p. 228).

A primeira observação a se fazer neste caso é que, em geral, o Brasil não é um país de tradição antiamericana. Além disso, é preciso contextualizar, no âmbito local, os significados do evento Paz Sem Fronteiras. Não se trata de um movimento, mas sim de uma atividade esporádica e não continuada que foi apoiada pela Prefeitura Municipal de Foz do Iguaçu e pela Itaipu Binacional. Os representantes das entidades organizadoras consideraram o evento um fracasso de público, o que atribuíram ao fato de a população local não ter compreendido sua importância. A adesão de pessoas de fora da comunidade árabe foi baixa e a Polícia Militar, acionada para garantir a segurança dos manifestantes, indicou que o evento reuniu no máximo 15 mil pessoas.[7] Trata-se de um número razoável considerando o tamanho da área (8 mil metros quadrados) e as imagens do evento, que facilmente se encontra na internet.

Se os dados já mencionados de Fernando Rabossi estiverem corretos e a comunidade libanesa da região seja de aproximadamente 12 mil pessoas, sequer toda a comunidade participou do ato em favor da paz em 2001. Refuta-se, portanto, a hipótese de que os árabes e a comunidade local da Tríplice Fronteira em algum momento tenham composto uma união antiamericana. Este, e outros indícios apontados, demonstra o limite que a perspectiva antropológica apresenta para as análises internacionais que se faz sobre a Tríplice Fronteira.

A perspectiva internacionalista

Além da relevância para a compreensão da realidade local do início dos anos 2000 (e apesar dos limites pontuais para a conexão com a realidade internacional), a perspectiva antropológica possui um ponto de encontro com a perspectiva internacionalista. Os estudos sobre os árabes demonstraram que há forte conexão da comunidade libanesa da Tríplice Fronteira com o Oriente Médio (RABOSSI, 2014; RABOSSI, 2007; KARAM, 2013). Antes de 2001, por exemplo, a comunidade expressava mais do que seus sentimentos pela causa Palestina. No jornal local *Nosso Tempo*, abundam os exemplos do ativismo contra o imperialismo dos Estados Unidos e de Israel (KARAM, 2011b).

---

7 Jornal *Folha de S.Paulo, Ato em Foz do Iguaçu reúne 15 mil*, 12 de novembro de 2001.

Após os atentados de 11 de setembro de 2001, a comunidade tornou-se mais discreta justamente porque a associação com o terrorismo passou a ser mais que um constrangimento.

Tal qual para o conjunto da diáspora libanesa no mundo, os assuntos da terra natal não passam despercebidos. Os imigrantes libaneses que vieram para a Tríplice Fronteira majoritariamente o fizeram fugindo da guerra civil (1975-1990). Neste conflito, havia grupos defendendo diferentes posições sobre a complexa questão que envolve árabes e judeus no Oriente Médio. Além da causa palestina, a fronteira de Israel com o sul do Líbano se tornou um lugar de confronto de contornos internos da política libanesa e regionais no contexto do Oriente Médio. Foi neste contexto que emergiu o Hezbollah (que em tradução livre significa Partido de Deus), um grupo libanês que surgiu a partir de uma milícia armada, apoiado pelo Irã, cujo objetivo era expulsar Israel da fronteira. Sem conseguir derrotá-lo, Israel considera o Hezbollah como uma ameaça imediata e um confronto direto ocorreu em 2006, quando ambos se enfrentaram em uma guerra que durou pouco mais de um mês. O conflito segue em aberto, já que o Hezbollah se recusa a depor as armas sob o pretexto de defesa da soberania nacional. Desde quando surgiu, o grupo ganhou notoriedade e faz parte da vida institucional do Líbano como um partido político que controla boa parte do território do sul do país.

Os Estados Unidos e Israel pressionam para que o grupo seja considerado uma organização terrorista. A União Europeia recomenda que apenas a facção armada do partido seja considerada como tal. Então, dependendo da perspectiva, o partido pode ser um movimento de resistência, pode ter um braço armado considerado terrorista ou ser no todo um grupo terrorista. Neste sentido, não é exagero afirmar que os libaneses da Tríplice Fronteira, que em sua maioria emigraram do sul do Líbano durante a guerra civil, possam nutrir algum apreço pelo Hezbollah.[8]

Contudo, a questão, explorada principalmente por jornalistas, é que poderia haver uma potencial ligação de pessoas da região com o grupo, principalmente por meio do envio de remessas de dinheiro que, em última análise, contribuiriam com a causa radical. No entanto, mesmo em casos mais complexos, é praticamente impossível saber se o dinheiro que vai de qualquer lugar do mundo para o Oriente Médio será destinado para uma causa social ou para financiar a aquisição de armas (LEE, 2008).

Essa possível associação de pessoas da Tríplice Fronteira com o lado armado e com o financiamento do Hezbollah foi construída, respectivamente, pela Argentina e pelos Estados Unidos. Nos anos 1990, um dos poucos consensos nacionais na política argentina era com relação aos rumos da política externa. Políticos de diferentes matizes concordavam que a Argentina tinha uma posição internacional "extremamente débil" e que era preciso melhorar sua inserção internacional. Como parte das medidas tomadas, o país enviou tropas contra o Iraque na Guerra do Golfo de 1990 (CICCONE, CLEMENTE e PRETTI, 2017). Além disso, a conexão com o Irã e um consequente acordo mal resolvido levou a Argentina a construir uma imagem externa negativa no Oriente Médio. Os argentinos assinaram um acordo nuclear com os iranianos e não cumpriram sua parte por conta do alinhamento com

8 A Fundação Alexandre de Gusmão (FUNAG) publicou recentemente um livro dedicado às relações internacionais entre o Brasil e o Líbano. Há um artigo-depoimento de um acadêmico bastante interessante para compreender a relação da comunidade da Tríplice Fronteira com o Oriente Médio (NASSER, 2017).

os Estados Unidos durante o governo Menem, na tentativa de melhorar a posição internacional do país (GREENBERG, 2010). Em 1992 e depois em 1994, Buenos Aires foi sacudida por explosões na Embaixada de Israel e na Asociación Mutual Israelita Argentina (AMIA), respectivamente. Até o momento, as autoridades argentinas não concluíram as investigações, e há uma série de constrovérsias sobre a "versão oficial" apresentada pelas autoridades argentinas. Em resumo, de acordo com a versão oficial, "agentes" do Irã e do Hezbollah seriam os culpados e, além disso, os terroristas teriam ingressado pela Tríplice Fronteira (GREENBERG, 2010).[9]

A tese do apoio logístico de membros da comunidade local foi fortemente explorada em 1994. Naquele ano, alguns libaneses que moravam em Puerto Iguazú foram detidos, mas liberados por falta de provas que os ligasse aos atentados na capital argentina (KARAM, 2011a, p. 156). A pista mais próxima de uma evidência foi apresentada pelo judiciário da Argentina, segundo o qual os investigadores haviam identificado uma ligação telefônica das imediações do atentado para um *call center* em Foz do Iguaçu (SERI, 2004, p. 88). Não há mais indícios, detalhes ou provas que tenham sido apresentados nas análises dos acadêmicos sobre o problema.

O Brasil e o Paraguai foram acusados pelos argentinos de não controlarem suas fronteiras. A ausência de controle migratório inclusive não descartaria novos ataques a alvos de Israel na Argentina. Em geral, tornou-se amplamente aceito pela opinião pública argentina que os terroristas que explodiram os alvos em

9 Há outra versão que aparece nos livros, mas não foi investigada pela Argentina. A "pista síria" aponta para uma conexão do terrorismo com membros do governo argentino e passaria ao largo da Tríplice Fronteira (GREENBERG, 2010).

Buenos Aires passaram pela Tríplice Fronteira e que estavam ligados à comunidade local por meio do Hezbollah. De acordo com a linha de investigação oficial, o grupo libanês e o Irã agiram em conluio com imigrantes libaneses locais. Até 2001, esta afirmação não tinha tanta repercussão internacional, mas passou a ser aceita e dominar, sobretudo, o noticiário.

A tese do apoio logístico não encontra respaldo na análise dos acadêmicos que estudaram a Tríplice Fronteira. Nenhum estudo apontou para indícios de ações do Hezbollah enquanto um grupo criminoso transnacional com ramificação na região. O nível de integração dos libaneses com a comunidade local levou à constatação no sentido contrário. O estilo de vida daqueles imigrantes em Foz do Iguaçu levou à conclusão de que não havia terreno fértil para o fundamentalismo na comunidade local (LEE, 2008, p. 333; COSTA e SCHULMEISTER, 2007, p. 231).

A problemática do financiamento de atividades terroristas é mais complexa e é do interesse direto dos Estados Unidos, para o qual se deve eliminar as receitas de grupos terroristas, em geral, e do Hezbollah, em particular. Na realidade, há uma área cinzenta em torno do que pode ser considerado como uma possibilidade e a afirmação categórica de que "há terroristas" na região. Apesar da ausência de provas concretas, para alguns autores, são suficientes as "evidências" apontadas por "vários autores" (KACOWICZ, 2015, p. 102).

Muitos dos autores escrevem baseados não necessariamente em evidências, mas em hipóteses. Muitas delas bem fundamentadas e baseadas no nexo entre criminalidade e terrorismo. No caso da América Latina, o que se assistiu durante a Guerra às Drogas e sua intersecção junto à Guerra ao Terror foi a associação entre grupos paramilitares como as Forças Armadas Revolucionárias da Colômbia, as FARC, como potenciais grupos terroristas como a Al Qaeda (VILLA, 2014). Nesta lógica, qualquer dinheiro ilícito poderia parar nas mãos de extremistas. Mesmo no interior dos Estados Unidos, com base em processos judiciais e em entrevistas com agentes de segurança, se evidenciou que o contrabando de cigarros de um estado para outro poderia gerar lucros que, por sua vez, cairia nas mãos de terroristas (SHELLEY e MELZER, 2008).[10]

Dentre as várias formas de abordar o problema do financiamento do terrorismo, Cristiana Kittner destacou a aplicação da teoria do *safe haven* para o caso da Tríplice Fronteira. O termo não possui uma tradução literal e significa que o lugar se enquadra em certos critérios serve como um refúgio, ou um santuário, para que o comércio ilícito gere dinheiro para o terrorismo. Para ser considerada uma *safe haven*, o lugar deve ter certas características geográficas favoráveis (como em geral são as regiões de fronteira), deve haver um governo fraco sobre o território, histórico de corrupção, violência e pobreza. Nestes critérios, não somente a fronteira do Brasil com a Argentina e o Paraguai, mas diversos lugares do mundo subdesenvolvido podem ser enquadrados (KITTNER, 2007; COSTA e SCHULMEISTER, 2007).

A teoria do *safe haven* pode até não ser a mais adequada para a Tróplice Fronteira. Mas isso não impede que haja a possibilidade do envio de remessas de dinheiro para o Oriente Médio. Especificamente sobre este tema, há uma pesquisa con-

---

10 Mais recentemente, este nexo alcançou a Tríplice Fronteira com uma tentativa de associar os lucros do comércio de Ciudad del Este, majoritariamente advindo de comércio ilícito, ao financiamento do Hezbollah (NEUMANN e PAGE, 2018), o que ainda não foi objeto de análises acadêmicas.

duzida por Rensselaer Lee, um acadêmico que em 2004 esteve na região e publicou seu estudo em 2008. Lee, um veterano especialista em financiamento de terrorismo, publicou um artigo que estabelece alguns limites na análise do nexo entre a Tríplice Fronteira e o terrorismo.

Em sua pesquisa de campo, Rensselaer Lee observou o mesmo que os autores da tendência antropológica: uma região onde os comboios de ônibus saíam cheios de mercadorias do Paraguai para o Brasil, sem praticamente nenhum controle das autoridades competentes. Assim como no caso dos chineses, alguns comerciantes árabes foram percebidos como operadores da distribuição de pirataria em CDs e DVDs. Além disso, os altos níveis de informalidade também levaram o autor a concluir que certamente haveria altos índices de sonegação fiscal e outros crimes do colarinho branco cometidos por comerciantes árabes (LEE, 2008, p. 340).

Por outro lado, muitos negócios foram compreendidos como legais, assim como o autor reconheceu a possibilidade de haver transferências de dinheiro por conta dos negócios lícitos, já que muitos comerciantes libaneses tinham redes de negócios no Brasil, Chile, Panamá e China. Reconhecido o limite das fontes disponíveis, e baseado em fontes informais, Lee estimou que o valor dos fluxos financeiros operados da Tríplice Fronteira para o Oriente Médio variava de US$ 50 milhões a 80 milhões por ano, no total (2008, p. 335). Parece um número razoável para um comércio que, em 2005, atingia a marca de US$ 2 bilhões (CESAR, 2016, p. 23). Portanto, para Lee, ficou claro que havia fluxos financeiros, inclusive para o Oriente Médio, mas, com as informações às quais teve acesso, concluiu que não era possível saber nem a quantidade nem o destino. Esta seria uma tarefa difícil já que havia a mistura de negócios lícitos, ilícitos, doações, envio para parentes ou empresas.

Não apenas a prisão de um membro da comunidade libanesa, formalmente acusado de crime comum (LEE, 2008, p. 339; 245), mas as acusações de terrorismo na Tríplice Fronteira renderam ao menos três outros significados importantes que foram observados nos trabalhos acadêmicos de perspectiva internacionalista. Trata-se da missão militar dos Estados Unidos no Paraguai; a cooperação policial e diplomática; e a aprovação de leis antiterroristas nos três países. Ao comparar a Guerra às Drogas com a Guerra o Terror, na perspectiva do que chamou de macrossecuritização, Rafael Villa destacou que os países da Tríplice Fronteira, especialmente o Paraguai, sofreram menos a pressão dos Estados Unidos do que a Colômbia. Isso se deveu principalmente por conta dos níveis de institucionalização das relações do Brasil e da Argentina com os Estados Unidos. Consequentemente, as ações foram menos unilaterais e mais cooperativas (VILLA, 2014, p. 372).

Isso não evitou que o Paraguai passasse por uma interferência militar norte-americana. Diferentemente das conhecidas bases militares permanentes, o Paraguai recebeu um Posto Avançado de Operações, de caráter temporário, que se estabeleceu em 2006 em Mariscal Estigarribia, a quinhentos quilômetros de Asunción. A controversa missão americana tinha oficialmente fins humanitários e de treinamento militar conjunto. Para esta finalidade, os Estados Unidos exigiram e o Congresso Nacional do Paraguai aprovou, em 2004, que os soldados tivessem imunidade diplomática durante a estadia no país (VILLA, 2013).

Em termos de cooperação internacional, há duas iniciativas que são exemplos em duas escalas distintas. Em nível local, por sugestão da Argentina, em 1997 foi criado o Comando Tripartite. Trata-se de cooperação na esfera de segurança pública que reúne policiais do Brasil, da Argentina e do Paraguai atuando conjuntamente no espaço da Tríplice Fronteira. O Comando foi criado para prevenir o terrorismo, mas na realidade se ocupa majoritariamente dos crimes de tráfico de drogas ilícitas e pessoas. Em alto nível, imediatamente após 11 de setembro de 2001, Brasil, Paraguai e Argentina convidaram os Estados Unidos a participar de uma iniciativa diplomática já existente, que passou a ser chamada Grupo 3+1. Trata-se de um foro diplomático específico para se atualizar e compartilhar informações sobre como agir na Tríplice Fronteira a fim de prevenir ações de grupos radicais na região (KACOWICZ, 2015; SVERDLICK, 2005).

Por fim, outra mudança para a região desde 2001 teve como epicentros Buenos Aires, Brasília e Asunción. No contexto da Guerra ao Terror, um dos pontos que os analistas de segurança criticavam era a ausência de legislação específica para criminalizar o terrorismo nos três países. A situação começou a mudar em junho de 2010, quando o Paraguai aprovou a Lei 4.024, que "Castiga os feitos puníveis de terrorismo, associação terrorista e financiamento do terrorismo". Em dezembro de 2011, a Argentina alterou os artigos 41 e 306 de seu Código Penal com a Lei 26.734. O Brasil, após muita pressão internacional e às vésperas das Olimpíadas do Rio de Janeiro, aprovou uma lei antiterror em março de 2016 (Lei 13.260). Apesar das ambiguidades e das imprecisões destes instrumentos legais, nos três países há amparo da lei para definir o ato terrorista e prever penas graves para quem incorrer, se associar ou contribuir para financiar as atividades terroristas (AITA, 2017).

Considerações finais

Neste capítulo, se argumentou que os acadêmicos passaram a publicar textos especializados sobre a Tríplice Fronteira após os atentados terroristas de 11 de setembro de 2001. Duas perspectivas foram destacadas, sendo que a primeira se denominou antropológica e a segunda internacionalista. Para o campo das Relações Internacionais, a perspectiva antropológica é de suma importância para se compreender o contexto e a realidade local. Ao "dar voz" às comunidades chinesa e árabe, aqueles estudos se propunham a criar novas narrativas para além do terrorismo. Paradoxalmente, reforçaram a possibilidade de ilícitos no caso dos chineses e o engajamento político dos libaneses. Contudo, as análises demonstraram limitações ao abordar temas como a globalização e o terrorismo.

A abordagem internacionalista se ocupou majoritariamente do terrorismo e temas correlatos. Desde as perspectivas argentina e norte-americana, os acadêmicos descartaram que o fundamentalismo pudesse ter seguidores e apoiadores logísticos na comunidade árabe da Tríplice Fronteira. No entanto, o envio de dinheiro para o Oriente Médio se mostrou como um terreno cinzento e de difícil distinção sobre o quanto e para onde o dinheiro vai. Nesta questão, cabem algumas hipóteses como aquela segundo a qual o grupo libanês Hezbollah possa ser destinatário de recursos obtidos no comércio de Ciudad del Este. Como consequência do processo de acusação de terrorismo, um membro da comunidade foi preso (e condenado por crime comum); houve a necessidade de criar iniciativas específicas de cooperação internacional policial e diplomática; e o Paraguai foi alvo de uma interferência militar dos Estados Unidos.

Além disso, os acadêmicos não registraram, mas a atuação das forças de segurança do Brasil levou ao fim do *modus operandi* dos "sacoleiros". Certamente, o maior significado captado pelos estudos acadêmicos foi a aprovação de leis antiterrorismo tanto no Brasil, quanto no Paraguai e na Argentina. A partir de 2016, "contribuir para financiar as atividades terroristas" é crime nos três países da região. Desde 2018, o movimento das análises sobre a Tríplice Fronteira e as novas acusações contra membros da comunidade libanesa sugere o aparecimento de uma nova etapa na acusação de financiamento do terrorismo por meio dos lucros do comércio ilícito do Paraguai. Nesta etapa recente, ainda está por vir o teste da legislação.

Referências

AGUIAR, J. C. Making Sense of Borders: Global Circulations and the Rule of Law at the Iguazú Triangle. In: JASKOSKI, M.; SOTOMAYOR, A. C.; TRINKUNAS, H. *American Crossings: Border Politics in the Western Hemisphere.* Baltimore: Johns Hopkins University Press, 2015.

AITA, E. A Tríplice Fronteira sul sob a ótica do terrorismo: uma análise da legislação antiterrorismo da Argentina, Brasil e Paraguai. *Estudos Internacionais,* Belo Horizonte, 4, n. 2, 2017, p. 35-56.

ALBUQUERQUE, J. L. *A Dinâmica das Fronteiras: os Brasiguaios na fronteira entre o Brasil e o Paraguai.* São Paulo: Annablume, 2010.

ARELLANO, D. B. La Triple Frontera como polo de atracción de actividades ilícitas: Condiciones endógenas institucionales e ilegalidad. *Atenea,* Concepción, n. 508, 2013, p. 101-120.

BÉLIVEAU, V. G.; MACAGNO, L.; MONTENEGRO, S. *A Tríplice Fronteira: espaços nacionais e dinâmicas locais.* Curitiba: EDUFPR, 2011.

BLANC, J.; FREITAS, F. *Big Water: The Making of Borderlands Between Brazil, Argentina and Paraguay.* Chicago: University of Arizona Press, 2018.

BRASIL. *Regime de Tributação Unificada - Balanço (2012-2017).* Ministério da Fazenda. Foz do Iguaçu, 2018.

CALDERÓN, J. P. La Triple Frontera como centro de atracción del yihadismo en América Latina: Orientación teórico-histórica. *Hallazgos,* Bogotá, 14, n. 27, 2017, p. 111-128.

CARDIN, E. G. *Laranjas e Sacoleiros na Tríplice Fronteira: um estudo da precarização do trabalho no capitalismo contemporâneo.* Cascavel: EDUNIOESTE, 2011.

CESAR, G. R. C. Integração Produtiva Paraguai-Brasil: novos passos no relacionamento bilateral. *Boletim de Economia e Política Internacional,* Brasília, n. 22, 2016, p. 19-32.

CHESTERTON, B. M. From Porteño to Pontero: the Shifiting of Paraguayan Geography and Identity in Asunción in the Early Years of the Stroessner Regime. In: BLANC, J.; FREITAS, F. *Big Water: The Making of Borderlands Between Brazil, Argentina and Paraguay.* Chicago: University of Arizona Press, 2018, p. 242-266.

CICCONE, C. S.; CLEMENTE, A.; PRETTI, C. J. "Nosotros o los Otros". La construcción del terrorismo internacional en los discursos presidenciales de Argentina y Estados Unidos (1992-2006). *Perspectivas,* Rosario, 1, n. 3, 2017, p. 36-55.

COSTA, T. G.; SCHULMEISTER, G. H. The Puzzle of the Iguazu Tri-Border Area: Many Questions and Few Answers Regarding Organised Crime and Terrorism Links. *Global Crime,* 8, n. 1, 2007, p. 26-39.

FERRADÁS, C. A. Environment, Security, and Terrorism in the Trinational Frontier of the Southern Cone. *Identities: Global Studies in Culture and Power,* New York, 11, n. 3, 2004, p. 417-442.

FOLCH, C. Ciudad del Este and the Common Market: A Tale of Teo Economic Integrations. In: BLANC, J.; FREITAS, F. *Big Water: The Making of Borderlands Between Brazil, Argentina and Paraguay.* Chicago: University of Arizona Press, 2018, p. 267-284.

GREENBERG, N. War in Pieces: AMIA and The Triple Frontier in Argentine and American Discourse on Terrorism. *A Contra Corriente,* North Carolina, 8, n. 1, 2010, p. 61-93.

HOBSBAWM, E. *Globalização, democracia e terrorismo.* São Paulo: Companhia das Letras, 2007.

HUDSON, R. *Terrorist and Organized Crime Groups in the Tri-Border Area (TBA) of South America.* Washington: Federal Research Division, The Library of Congress, 2003.

KACOWICZ, A. M. Regional peace and unintended consequences. In: JASKOSKI, M.; SOTOMAYOR, A. C.; TRINKUNAS, H. A. *American Crossings: Border Politics in the Western Hemisphere.* Baltimore: Johns Hopkins University Press, 2015, p. 89-108.

KARAM, J. T. Anti-Semitism from the Standpoint of its Arab Victims in a South American Border Zone. *Latin American and Caribbean Ethnic Studies,* 6, n. 2, 2011, p. 141-167.

KARAM, J. T. Atravessando as Américas: a "guerra ao terror", os árabes e as mobilizações transfronteiriças em Foz do Iguaçu e Ciudad del Este. In: BÉLIVEAU, V. G.; MACAGNO, L.; MONTENEGRO, S. *A Tríplice Fronteira: espaços nacionais e dinâmicas locais.* Curitiba: EDUFPR, 2011, p. 203-232.

KARAM, J. T. The Lebanese Diaspora at the Tri-Border and the Redrawing of South American Geopolitics, 1950-1992. *Mashriq & Mahjar*, North Carolina, 1, n. 1, 2013.

KITTNER, C. C. B. The Role of Safe Havens in Islamist Terrorism. *Terrorism and Political Violence,* Los Angeles, 19, n. 307, 2007, p. 307-329.

LEE, R. The Triborder–terrorism nexus. *Global Crime,* London, 9, n. 4, 2008, p. 332-347.

LOMBARDI, J. L.; SANCHEZ, D. J. Terrorist Financing and the Tri-Border Area of South America: The Challenge of Effective Governmental Response in a Permissive Environment. In: GIRALDO, J. K.; TRINKUNAS, H. A. *Terrorism Financing and State Responses:* A Comparative Perspective. Palo Alto: Stanford University Prress, 2007.

NASSER, S. A Fronteira e o não lugar do terrorismo. In: LIGIA MARIA SCHERER, F. H. L. G. P. A. F. V. *Brasil-Líbano: Legado e Futuro.* Brasília: FUNAG, 2017, p. 121-145.

NEUMANN, V.; PAGE, S. The many criminal heads of the Golden Hydra. *Counter Extremism Project,* maio 2018. Disponivel em: <https://www.counterextremism.com/press/terrorists-and-criminals-reap-more-43-billion-year-tri-border-area>. Acesso em: 5 jul. 2018.

PINHEIRO-MACHADO, R. Caminhos do descaminho: Etnografia da fiscalização na Ponte da Amizade e seus efeitos no cotidiano da Tríplice Fronteira. In: BÉLIVEAU, V. G.; MACAGNO, L.; MONTENEGRO, S. *A Tríplice Fronteira: espaços nacionais e dinâmicas locais.* Curitiba: EDUFPR, 2011a, p. 127-145.

________. *Made in China: (in)formalidade, pirataria e redes sociais na rota China-Paraguai-Brasil.* São Paulo: Hucitec, 2011b.

RABOSSI, F. Árabes e muçulmanos em Foz do Iguaçu e Ciudad del Este: notas para uma re-interpretação. In: SEYFERTH, G., et al. *Mundos em Movimento:* Ensaios sobre migrações. Santa Maria: EDUFSM, 2007, p. 287-312.

RABOSSI, F. Como pensamos a Tríplice Fronteira? In: BÉLIVEAU, V. G.; MACAGNO, L.; MONTENEGRO, S. **A** *Tríplice Fronteira: espaços nacionais e dinâmicas locais.* Curitiba: EDUFPR, 2011, p. 39-62.

________. Terrorist Frontier Cell or Cosmopolitan Commercial Hub? The Arab and Muslim Presence at the Border of Paraguay, Brazil, and Argentina. In: AMAR, P. *The Middle East and Brazil: Perspectives on the New Global South.* Bloomington: Indiana University Press, 2014.

REMOND, R. *Por uma história política.* Rio de Janeiro: EDFGV, 2009.

RIOUX, J. Pode-se fazer uma história do presente? In: CHAUVENEAU, A.; TÉTERD, P. *Questões para a história do presente.* Bauru: EDUSC, 1999.

SERI, G. On the "Triple Frontier" and the "Borderization" of Argentina: A Tale of Zones. In: SHAPIRO, M. J.; PIN-FAT, V.; ADKINS, J. *Sovereign Lives: Power in Global Politics.* New York: Routledge, 2004.

SHELLEY, L.; MELZER, S. A. The Nexus of Organized Crime and Terrorism: Two Case Studies in Cigarette Smuggling. *International Journal of Comparative and Applied Criminal Justice,* Michigan, 32, n. 1, 2008, p. 1-16.

SILVA, M. A. The Triple Frontier Again: The terrorism nexus and what has changed in the Argentina, Brazil, and Paraguay borderland since 2001. *Mural Internacional,* Rio de Janeiro, 9, n. 2, dez. 2018, p. 175-181.

________. American Crossings: Border Politics in the Western Hemisphere (book review). *Contexto Internacional,* Rio de Janeiro, 41, n. 1, 2019, p. 235-237.

________. A ocupação do espaço brasileiro da Tríplice Fronteira. In: PRIORI, A.; BERTONHA, J. F. *Imigração e coloni-*

zação no Paraná e em São Paulo entre os séculos XIX e XX. Guarapuava: EDUNICENTRO, 2015.

SILVA, M. A. The Triple Frontier Again: The terrorism nexus and what has changed in the Argentina, Brazil, and Paraguay borderland since 2001. *Mural Internacional,* Rio de Janeiro, 9, n. 2, dez. 2018, p. 175-181.

SVERDLICK, A. R. Terrorists And Organized Crime Entrepreneurs In The "Triple Frontier" Among Argentina, Brazil, And Paraguay. *Trends in Organized Crime,* New York, 9, n. 2, 2005.

VILLA, R. D. FOLs: as novas formas da operacionalização da presença militar estadunidense na América do Sul. *Carta Internacional,* São Paulo, 8, n. 1, jan-jun 2013, p. 75-90.

________. O Paradoxo da Macrossecuritização: Quando a Guerra ao Terror não Securitiza Outras "Guerras" na América do Sul. *Contexto Internacional,* Rio de Janeiro, 36, n. 2, jul./dez. 2014, p. 349-383.

3.

Itaipú Binacional y la hidropolítica en el contexto transfronterizo

Christine Folch

El río Paraná entreteje las repúblicas de Argentina, Brasil y Paraguay, creando una frontera cuya característica fundamental es el movimiento.* Aquel flujo ha sido utilizado por los tres países para generar cantidades de energía limpia que rompen récords mundiales. Por su gran potencia hidroeléctrica, la Triple Frontera es una "frontera energética" con capacidad jurisgenerativa, es decir, una capacidad propia de generación de instrumentos de derecho internacional. Las limitaciones materiales de hidrología y los requisitos técnicos de la hidroelectricidad se han combinado con las exigencias políticas de las historias nacionales de estos tres países para fomentar posibilidades específicas. La construcción de las represas Itaipú Binacional (Brasil-Paraguay) y Yacyretá (Argentina-Paraguay), tanto como la planeada Corpus (Argentina-Paraguay), impulsó un re-pensamiento de las relaciones internacionales en los 1970 que tuvo significancia geopolítica y marcó una arquitectura para un cambio regional. Este cambio se fue dando desde el conflicto y la tensión nuclear entre Argentina y Brasil mientras que desarrollaron sus capacidades atómicas hasta la búsqueda de la integración económica mediante el Mercosur. En este período se creó una agencia binacional nuclear entre Argentina y Brasil y se alcanzó una disminución nuclear sin precedentes mundiales. En la Triple Frontera se están generando nuevas eco-políticas internacionales debido a que los acuerdos financieros y energéticos de los tratados de Itaipú y Yacyretá están siendo revisados en medio de nuevos retos relacionados al cambio climático.

En este libro, los autores estudian las relaciones internacionales desde la perspectiva de la Triple Frontera. Dada su identidad/naturaleza como una frontera energética, aquí preguntamos: ¿Qué tipos de relaciones internacionales son posibles teniendo en cuenta el potencial hidroeléctrico del río Paraná? Las respuestas que encontramos para aquella pregunta tratan no solamente de historias profundas de las fronteras coloniales de imperios iberios y, más tarde, Estados-naciones, sino que ofrecen modelos emblemáticos que ilustran los desafíos referentes a recursos hidroeléctricos transfronterizos en todo el mundo y las vinculaciones políticas de mega-infraestructura. Este capítulo sigue aquellas respuestas y muestra como las relaciones internacionales fueron transformadas por las dinámicas hídricas-energéticas de la Triple Frontera en el pasado y como el futuro señala nuevas direcciones. Entre los diversos enfoques de este libro, se pretende enfatizar cómo Paraguay, un país mediterráneo y más pequeño que sus vecinos-socios, utiliza estratégicamente la frontera como punto de ventaja en la arena política nacional e internacional.

La ubicación específica de los límites fronterizos fue establecida luego de la Guerra de la Triple Alianza (1864-1870). Paraguay perdió la guerra ante las fuerzas combinadas de Argentina, Brasil y Uruguay – un evento histórico cuyas reverberaciones continúan hasta el presente hidroeléctrico, como veremos. Tratados escritos y aprobados, mientras que las tropas brasileñas y argentinas todavía ocupaban Paraguay, establecieron el caudaloso río Paraná como límite. A partir de allí, las dinámicas hidráulicas del Paraná fueron adquiriendo un papel fundamental en las políticas internacionales de los tres países. Entendiendo a la Triple Frontera como frontera energética, enfocamos nuestra atención en temas de integración en vez de separación, reconocemos que relaciones políticas están guiadas por prioridades energéticas (y viceversa) y conceptualizamos aquellas prioridades energéticas como seguridad nacional y como seguridad ecológica. Aquí estudiamos momentos claves de transformación jurisgenerativa – los tratados y acuerdos que tratan sobre la potencia hidroeléctrica del Paraná en cuatro etapas – como destilaciones de relaciones internacionales en y desde la Triple Frontera.

Una aseveración fundamental de nuestro capítulo es que el punto de partida de los proyectos hidroeléctricos influye en cómo estos proyectos son percibidos y llevados a cabo por los tres Estados diferentes. Por lo tanto, veremos que mientras para Brasil los proyectos hidroeléctricos binacionales representaron un problema de demanda eléctrica, los mismos proyectos fueron preguntas sobre la proyección regional de la influencia brasileña para Argentina y, para Paraguay, fueron contextualizados en la memoria histórica de la Guerra de la Triple Alianza y como necesidades gubernamentales en el presente para encontrar recursos para la nación. Una segunda afirmación viene de las disciplinas de ecología política y de estudios infraestructurales: lo material importa. Es decir que la infraestructura hidroeléctrica permanente, que conecta áreas de oferta y de demanda, que atraviesa fronteras, además de las específicas aguas arriba/aguas abajo de hidroelectricidad en un río transfronterizo influyen en cómo los tres Estados hacen la obra de la política. De hecho, las limitaciones políticas-históricas de la Triple Frontera como frontera energética (aseveración uno) no pueden ser desenredadas de las limitaciones materiales y naturales (aseveración dos).

El principio de "basin-thinking"

El recurso principal de la región boscosa del alto Paraná hasta mediados del siglo XX era la yerba mate, cosechada por obreros (mensús) que trabajaban en medio de intensas dificultades y frecuentemente pagados en pesos argentinos, aunque trabajaban en el lado paraguayo y brasileño. Desde el punto más alto de las Sete Quedas/Saltos del Guairá – establecido como el límite entre Brasil y Paraguay por el Tratado de paz de (1872) – hasta la boca del rio Iguazú, el rio Paraná cae 200 metros en elevación. Las cataratas majestuosas que tenían el caudal más grande del mundo habían sido un punto de conflicto entre Brasil y Paraguay por décadas debido a una ambigüedad en el tratado que puso fin a las hostilidades entre los dos países. El tratado de 1872 entre Brasil y Paraguay aseguró el conflicto con el uso de una sola palabra: *hasta* ("até" en Portugués). El artículo uno del tratado estableció que:

> El territorio del Imperio del Brasil se divide del de la República del Paraguay por el cauce o canal del Río Paraná, desde donde comienzan las posesiones brasileras en la boca del Yguazú hasta el Salto Grande de las Siete Caidas del mismo rio Paraná. Del Salto Grande de las Siete Caidas continua la linea divisorial por la cumbre de la Sierra de Maracayú hasta donde ella concluye…

Brasil argumentó que su frontera con Paraguay "incluía" las cataratas, mientras que Paraguay insistió que la frontera llega hasta, pero no incluía, las cataratas y que eran compartidas por los dos países (DEBERNARDI, 1996; STROESSNER, 1965).

A mediados del siglo XX, Brasil tenía un pujante sector hidroeléctrico en adición a su capacidad térmica creciente, pero algunos planificadores anticiparon un crecimiento en la demanda mientras que se expandía la economía. Aunque expertos en energía habían mapeado la potencia hidroeléctrica del Paraná a principios del siglo XX, las conversaciones sobre cómo aprovechar el desnivel en el río empezaron en serio en los años 1950. Incluso hablaron sobre la posibilidad de vender energía producida por Brasil a Paraguay, para compensar cualquier efecto en el flujo del Paraná que tendría la construcción de una represa tan cerca al país. Mientras expertos en Brasil diseñaron planes, el clamor público en Paraguay – donde la memoria de la guerra tomó su forma en un discurso de patriotismo – llegó al grado máximo (SÁNCHEZ, 1968). El nuevo gobierno militar en Brasil movió un grupo pequeño de tropas a una posición cerca a las Siete Quedas en junio 1965, desatando manifestaciones estudiantiles (ilegales en aquel momento) en las calles de Asunción. La guerra amenazó, pero Paraguay no tenía ningún interés en una guerra. El gobierno militar de Alfredo Stroessner reaccionó al *casus belli* con delicadeza, usando un tono de dialogo, quejas diplomáticas con Brasil y reprimiendo con fuerzas brutales la creciente protesta pública dentro de Paraguay (FOLCH, 2019). Con el transcurso del tiempo, el conflicto consiguió atención internacional instalando una imagen negativa de Brasil. Finalmente, en junio 1966, el canciller brasileño, Juracy Magalhães, invitó a su par paraguayo, Raúl Sapena Pastor, a una reunión en, Foz do Iguaçu (en la parte brasileña de la Triple Frontera), para encontrar una solución al tema.

Mientras que el equipo paraguayo estuvo compuesto por representantes de la cancillería (incluyendo al embajador paraguayo en los EEUU), representantes altos del partido Colorado, y miembros de un comité para definir límites, el equipo brasileño incluyó al ministro de Minas y Energía y al presidente de la empresa brasileña Furnas Centrales Eléctricas quien era un experto en hidroelectricidad. La diferencia entre los dos equipos reflejó una diferencia en prioridades. Para el lado paraguayo, se trató de definir la frontera y lograr la reubicación de las tropas brasileñas; para el lado brasileño, se trató de energía. Dentro del derecho internacional, los límites entre dos países soberanos solamente pueden ser redefinidos por acuerdo común o guerra. Con relación al impasse sobre la posesión de los saltos, el canciller brasileño ofreció un argumento provocativo: Magalhães sugirió sumergir el área entera de disputa con el embalse de una represa en el Paraná. Los dos cancilleres firmaron el Acta de Foz do Iguaçu (1966), acordando construir y compartir lo que eventualmente llegó a ser Itaipú Binacional (BLANC, 2018, p. 224).

El acuerdo bilateral sin precedentes entre Brasil y Paraguay generó una reacción inmediata en los países aguas abajo del Paraná, principalmente Argentina, por cómo podría impactar el flujo del río y por el cambio en la proyección de influencia brasileña en un territorio que antes se encontraba bajo la influencia de Argentina. Aunque los sentimientos nacionalistas subieron alto, los 1960 y 1970 vieron relaciones sur-sur fortalecidas en todo el mundo como táctica de independencia. Firmar el acta señaló la necesidad de repensar como tomar decisiones sobre el agua cuando el recurso en cuestión impacta en varios estados soberanos.

Como parte de la experiencia de integración en la región (ej. la Asociación Latinoamericana de Libre Comercio – ALALC – fue firmado en 1960) y con preocupación de lo que auguraría el Acta de Foz do Iguaçu, los cancilleres de Argentina, Bolivia, Brasil, Paraguay y Uruguay inmediatamente empezaron a negociar un tratado entre los cinco países que se encuentran sobre la Cuenca de la Plata, ratificado en 1969 (Tratado de la Cuenca de la Plata). Los tratados requieren aprobación de la legislatura de todas las contrapartes, implican un poder de derecho más fuerte y de más consenso que los acuerdos o actas firmados por representantes del ejecutivo. La meta del tratado de la Cuenca de la Plata (1969) era "promover el desarrollo armónico y la integración física de la Cuenca del Plata." El tratado afirmó el derecho de los signatarios a hacer acuerdos bilaterales y multilaterales, en adición a proyectos nacionales, sobre el recurso compartido, sin requerir asentimiento previo ni tampoco notificación a los otros estados partes. Quizás aún más importante, especialmente ahora que estamos conscientes de los impactos del cambio climático y la importancia del Acuífero Guaraní, el tratado inicia e innova en "*basin thinking*" (pensando como una cuenca). Es decir, conceptualiza un territorio no delimitado por límites nacionales sino por procesos hidrológicos.

Dos aplicaciones del tratado de la Cuenca de la Plata ocurrieron en 1973: la negociación y la aprobación, primero, del tratado de Itaipú (Brasil-Paraguay) y después del tratado de Yacyretá (Argentina-Paraguay) que dieron luz verde a los proyectos binacionales hidroeléctricos más grandes en el hemisferio. Abastecer las necesidades de la demanda de energía en crecimiento en Argentina, Brasil y Paraguay era solamente parte de la lógica. El balance de poder entre Argentina y Brasil también estaba en juego y Paraguay, en medio de esta situación, utilizó la política "pendular," una táctica desarrollada como secuela de la Guerra de la Triple Alianza, donde Paraguay estratégicamente fortaleció sus lazos con un país o con el otro para sacar provecho de la rivalidad regional. Los saltos fueron inundados en 1982, cuando las compuertas fueron cerradas para llenar el embalse de Itaipú, hundiendo la hermosura natural para producir cantidades de energía que rompen récords mundiales. La capacidad instalada de 14.000 megavatios en Itaipú genera la producción más grande de energía sin-carbón en todo el planeta, hoy abasteciendo el ~17% de la demanda nacional de

Brasil y el ~85% de Paraguay. Yacyretá inundó el territorio de Ayolas, requiriendo el traslado de miles de habitantes en las orillas pobladas de Argentina y Paraguay. Y aunque la represa de 3.200 megavatios parece pequeña, en comparación con la de Itaipú, sigue siendo importante en escala.

Mucho ha sido escrito sobre los logros infraestructurales de los proyectos binacionales del Paraná, pero la importancia diplomática de las dos negociaciones fue evidente, inclusive antes de que se derrame la primera gotita de cemento. Aunque el Acta de Foz do Iguaçu (1966) claramente indicó las intenciones de Brasil y Paraguay, cuando los cancilleres firmaron el Tratado de Itaipú en 26 de abril 1963, Argentina mostró su descontento al retirar su embajador de Brasilia. Para ayudar a los argentinos a negociar los términos del tratado de Yacyretá, el gobierno de Perón encargó al ex oficial Nazi, Hans-Ulrich Rudel, para hablar con el presidente paraguayo Alfredo Stroessner (GUTIÉRREZ, 2018). El tratado de Yacyretá sigue los términos del tratado de Itaipú en mucho de su forma y contenido, pero con por lo menos una diferencia importante: cómo conceptualizar la naturaleza binacional del Paraná. El tratado de Itaipú y el Acta de Foz do Iguaçu entienden el agua como un condominio, o copropiedad y por eso indivisible. Sin embargo, el tratado de Yacyretá sostiene que las instalaciones de la represa son el condominio entre Argentina y Paraguay, pero no define el tema del agua.

Bomba hídrica y reconciliación nuclear

En 2008, a la altura del giro a la izquierda en América Latina – el período del principio del siglo XXI, cuando gobiernos de izquierda elegidos democráticamente avanzaron por el continente, como un rechazo a los impactos sociales del neoliberalismo – el presidente brasileño, Luiz Inácio Lula da Silva, concedió una entrevista exclusiva al diario argentino *El Clarín*. Aunque Argentina y Brasil eran rivales desde la época colonial, Lula habló abiertamente sobre el futuro. Citó su proceso para elegir a su sucesor presidencial (no había anunciado que sería Dilma Rousseff, que luego sería destituida en su segundo período), insinuando que "es muy posible que sea una mujer". También enfatizó la importancia de la amistad y la paz entre los dos países, mencionando una amenaza sorprendente:

> Tengo como valor fundamental mi relación de amistad. La amistad no es algo que sale de la naturaleza; se construye. Y eso pesa. No olvido que cuando se construyó Itaipú los militares brasileños y argentinos hablaban de construir una bomba atómica. Y también de la bomba hídrica que iba a ser Itaipú. Se decía que Brasil podría inundar Buenos Aires con esa represa. Y ¡vean! Hoy estamos pensando en construir conjuntamente una central hidroeléctrica (EL CLARÍN, 2008).

Con la firma del tratado de Yacyretá, las relaciones diplomáticas con Brasil eran restauradas, pero las tensiones quedaron. De hecho, en los 1970, dos escenarios desastrosos – de una posible guerra nuclear y de terrorismo mediante la inundación hidroeléctrica – dominaron la eco-diplomacia entre Argentina y Brasil mientras que compitieron por la primacía en el continente. Aunque Itaipú era la causa de lo que nombraron diplomáticos brasileños la "hipótese catastrófica" argentina, también fue la fuente de una reconciliación que efectivamente disminuyó la intensidad de una carrera nuclear.

Lo que quería la cancillería argentina era "consulta previa" – una consulta antes de que dos países tomaran decisiones bilaterales sobre las aguas del río Paraná. Brasil y Paraguay contestaron que esto violaría su soberanía. Un paso inicial hacia una resolución fue la firma del tratado Cuenca de la Plata (1969), pero las tensiones continuaron. A pesar de todo, la construcción de Itaipú continuó y la maniobra de Argentina fue firmar el tratado de Yacyretá y empezar a concretar planes para construir Corpus con Paraguay, otra represa binacional en el sur de Itaipú, que afectaría y dañaría el *head* de Itaipú al elevar el nivel del Paraná y también su capacidad de generar energía.[1] Diplomáticos y expertos en energía brasileños miraron a Corpus con preocupación por cómo podría desjarretar la mega-inversión en Itaipú.

Documentos privados de Itamaraty (la cancillería de Brasil) de la época, expresando frustración con la estrategia argentina de contraponer otra represa a Itaipú, también detallan preocupaciones argentinas por la "eco-seguridad" a causa de desastres naturales y humanos que podrían suceder por causa de la represa (ARQUIVO, 1977). Por ejemplo, un estudio de viabilidad para Itaipú, de enero 1973 (escrito antes de la firma del tratado), analizó las posiciones argentinas y las posibles respuestas que Brasil podría argumentar. Entre estas hipótesis, se menciona que Argentina podría argumentar la "*hipótese catastrófica*": "*inundação das terras a jusante de Sete Quedas, em caso de rompimento da barragem (força da natureza ou ato terrorista, p.e.).*" La respuesta brasileña entonces debería ser que Yacyretá y Corpus podrían contener el diluvio y, por eso, su hipótesis catastrófica no era una oposición legítima.

Aunque oficiales brasileños podrían descartar los temores de su vecino sureño, el discurso público en Argentina se mantu-

1 "Head" es la distancia entre el agua del embalse con el río abajo de la represa. Esta distancia se encuentra directamente relacionada al potencial hidroeléctrico.

vo elevado. *Crisis*, la revista editada por Eduardo Galeano, publicó un artículo titulado "Itaipú, la bomba hídrica brasileña", en diciembre de 1975. El autor, Hugo Scarone, remarcó que "Es que la gigantesca obra, a sólo 17 kilómetros de Argentina, puede enviar 58.000 metros cúbicos de agua por segundo" (SCARONE, 1975, p. 9). El año anterior, continuó escribiendo Scarone, Brasil había abierto las compuertas de Ilha Solteira sin notificar a Buenos Aires, elevando el río unos 12 metros, dañando a Posadas. Aún sin la acción intencional del gobierno brasileño, Scarone reflexionó, una falla sistémica o un desastre natural podrían afectar la represa y perjudicar al país aguas abajo. Que Lula da Silva y otros políticos brasileños mencionaran estos temores décadas después muestra la penetración de este discurso.[2]

Los temores brasileños sobre Argentina, más avanzado en tecnología nuclear y capacidad de control de explosiones, balancearon las preocupaciones argentinas en cuanto a Itaipú. Mientras que el país lusófono dominó en el desarrollo de hidroelectricidad, Argentina fácilmente tomó el primer puesto en cuanto a la energía nuclear y, en la actualidad, 10 por ciento de toda la electricidad consumida en Argentina proviene de tres reactores nucleares (ese número es 2 por ciento en Brasil). La cronología del desarrollo de la energía nuclear empareja a la de la hidroelectricidad, aunque esta última era más pública mientras que la anterior era mantenida en secreto. Hay algo casi banal en el desarrollo de la hidroelectricidad (que, quizás, ayuda a cubrir los efectos destructivos de la construcción: apropiación de tierra, devastación ecológica y otros). Sin embargo, la energía nuclear genera pánico público a lo invisible y a su capacidad de aniquilar

2 Vease también: "Para Bolsonaro, rompimento do sigilo pode revelar que Itaipu é uma arma do Brasil para inundar a Argentina" (LIMA, 2011).

el mundo; la energía nuclear puede llegar a ser difícilmente entendible pero definitivamente no es banal.

La construcción de Atucha 1, la primera central nuclear en Argentina y en la región, comenzó en 1968. Empezó a operar en 1974, después de una dramática toma por parte del Ejército Revolucionario del Pueblo (ERP), una guerrilla de izquierda en Argentina, en 1973.[3] Pero esta construcción representaba solamente el lado público de los avances nucleares argentinos. Documentos recién desclasificados de las inteligencias canadiense y estadounidense muestran que, entre 1963 y 1964, Argentina abasteció a Israel con 80-100 toneladas de *yellowcake* (uranium iron oxide) para su programa de armas nucleares después de que otros países (Estados Unidos, Rusia y Francia) restringieron sus ventas a Israel.[4] Brasil intentó alcanzar a Argentina al firmar un

---

3 Años después, como parte del Operativo Cóndor, un pacto secreto para controlar, detener, y aun asesinar "subversivos" entre los regímenes militares de Argentina, Bolivia, Brazil, Chile, Paraguay, y Uruguay, el gobierno de Argentina envió una lista de miembros del ERP al gobierno de Brasil. El documento llegó a las manos de la policía secreta paraguaya por medio de Itaipú; Itaipú lado brasileño transfirió la información al lado paraguayo – y todo puede ser comprobado con los sellos oficiales de las agencias, escrito en portugués y castellano. El documento ahora puede ser examinado en el Museo y Centro de Documentación y Archivo para la Defensa de Derechos Humanos (popularmente conocido como el "Archivo de Terror") en Asunción (FOLCH, 2013).

4 Vease Burr e Cohen, A. (2013), especialmente: Memorandum from Benjamin Read, Executive Secretary, Department of State, for McGeorge Bundy, The White House, "Israel's Assurances Concerning Use of Atomic Energy," 18 March 1964, with "Chronology of Israel Assurances of Peaceful Use of Atomic Energy and Related Events," Secret. Source: National Archives, Record Group 59, Bureau of Near Eastern and South Asian Affairs, Records of Office of Country Director for Israeli and Arab-Israeli Affairs, Records Relating to Near Eastern Arms

acuerdo con Alemania Occidental para construir ocho plantas nucleares, transferir conocimiento y materiales, además de enviar a jóvenes a estudiar ciencia nuclear en el extranjero.

Encontrando estos acontecimientos desconcertantes, vecinos de la región y poderes nucleares intentaron disuadir a Argentina y a Brasil para que no desarrolaran un programa de armas nucleares. Pero ambos gobiernos se negaron a acudir al Tratado de no Proliferación Nuclear (1968) y al Tratado de Tlatelolco (1967) que declararía a América Latina una zona libre de armas nucleares. Una carrera para desarrollar la capacidad de controlar explosiones nucleares se desató entre los dos países.

Initiative, box 1, Talbot in Spring 1964 & Exchange of Letters / Department of National Defence, Canada, Defence Research Board, Directorate of Scientific Intelligence, "Possible Israeli Nuclear Military Program," by J. Koop, DSI Report 1/64, March 1964, Secret, enclosed with letter from A.R.H. Kellas to Allan Goodison, 8 October 1964, Secret. Source: British National Archives, FO 371/175844 / Letter from R.C. Treweeks, Defense Intelligence Staff, to Allen Goodison, 8 December 1964, Secret. Source: British National Archives, FO 371/175844 / US Embassy in France cable 3199 to Department of State, 8 January 1964, Secret. Source: National Archives Record Group 59, Department of State Records Subject-Numeric File, 1964-1966 (hereinafter SN 64-66 with file name) Inco-Uranium / US Embassy in France cable 4529 to Department of State, 26 March 1964, Secret. Source: SN 64-66 Inco Uranium / Peter Ramsbotham, British Embassy Paris, to William "Willie" Morris, Foreign Office, 11 June 1964, Secret and Guard, with Minutes Attached. Source: FO 371/175844 / Alan C. Goodison, Eastern Department, Foreign Office, to C. J. Audland, British Embassy, Buenos Aires, 22 June 1964, Secret. Source: FO 371/175844 / Department of State Airgram CA-528 to US Embassies in Israel and Argentina, "Israeli Purchase of Argentine Uranium," 15 July 1964, Secret. Source: SN 64-66 Inco Uranium.

Lo que no pudo la presión internacional sí pudieron las decisiones técnicas sobre *head* y la frecuencia de turbinas hidroeléctricas: un conflicto sorprendente había fermentado por años dentro de Itaipú sobre el ciclaje de la electricidad generada. Y, sí, esta discusión puede parecer banal. Paraguay y Brasil usan frecuencias diferentes; Brasil, como los EE.UU. y Canadá, usa 60Hz para su red; Paraguay, como Argentina, usa 50Hz. Los planes originales para Itaipú tenían todas las turbinas, incluso las turbinas paraguayas, operando a 60Hz, porque solo Brasil tenía suficiente demanda para la electricidad. Pero la oposición al régimen de Stroessner por años presionó al gobierno sobre la pregunta técnica de ciclos-por-segundo, denunciando la imposición de 60Hz como una violación de la soberanía del Paraguay, debido a que una producción a 60Hz dejaría al país sin la capacidad de acceder a la energía que le correspondía teniendo en cuenta que Paraguay utiliza 50Hz (MUSEO, 1977). Disidentes paraguayos que se manifestaron fueron detenidos, torturados o huyeron al exilio (FOLCH, 2013). Finalmente, un comunicado fue emitido por el Ministerio de Minas y Energía de Brasil en el 10 de noviembre de 1977:

> O Ministério das Minas e Energia informa que, tendo em vista os estudos realizados pelos órgãos técnicos de sua área, particularmente a Eletrobrás, e as conversações que vinham sendo mantidas, há longo tempo, a nível técnico e de governo, com o Paraguai, sobre o tema da frequência das unidades geradoras de Itaipu, optou o governo brasileiro pela solução que, dentre as alternativas, consideradas viáveis pelo dos países melhor atende aos interesses nacionais. Essa solução consiste na instalação, na hidrelétrica de Itaipu, de nove unidades geradoras operando na frequência de 60hz e nove operando em 50hz (*Folha de S.Paulo*, 1977).

La resolución a la que se llegó fue construir Itaipú usando nueve turbinas paraguayas que funcionarían a 50Hz y nueve turbinas brasileñas a 60Hz, aunque requirió una revisión de todos los planes técnicos. Además, fue menos eficiente en términos de ingeniería. Pero era un logro importante para la oposición paraguaya y apaciguó a Argentina por evidenciar un límite en la influencia de Brasil (CARASALES, 1995).[5] Ingenieros y diplomáticos de las tres cancillerías acreditan la resolución de la controversia de Itaipú como punto de inflexión para un cambio sustancial en las relaciones Argentinas-Brasileñas, que pasaron de ser rivales y competidores a socios.[6] Inmediatamente después, representantes de las tres cancillerías se reunieron para hacer un tipo de "consulta previa" sobre los planes para construir Corpus muy cerca de Itaipú. El resultado fue la firma del Acuerdo Tripartito Corpus-Itaipú (1979) entre Argentina, Brasil y Paraguay que resolvió las tensiones al establecer la cota de Corpus a 105 metros sobre el nivel del mar, como propusieron ingenieros de Itaipú, porque así no afectaría el *head* de la represa brasileña-paraguaya, en vez de la cota de 120 metros sobre el nivel del mar. Por otro lado, Brasil y Paraguay acordaron limitar el número de turbinas en uso a diez y ocho.

De nuevo, esta era una reconciliación pública alcanzada en el marco de cuestiones no visibilizadas que ocurrieron alrededor de la pregunta nuclear. Argentina y Brasil se abrieron a la posibilidad de compartir documentos, trabajos, conocimientos y a realizar investigaciones en conjunto, para luego firmar un acuer-

---

5 Vease también: Oct 6, 1977. Report #864 / South America's Southern Cone – Bloc in Formation? / Department of State, INR Report / Bureau of Intelligence and Research (Fully declassified in 2017).

6 Eso también es la arquitectura de derecho internacional que resultó en Mercosur, el Mercado Común del Sur.

do bilateral sobre investigación, desarrollo y control – Agencia Brasileña-Argentina de Contabilidad y Control de Materiales Nucleares (ABACC, 1990). Se unieron al tratado de Tlatelcolco en 1994. En vez de la "bomba hídrica" o la "bomba atómica," lo que se ocasionó fue una serie de gambitos que resultaron cooperativos y que muestran como la infraestructura ejerce peso diplomático: dos rivales desescalaron una carrera de armas nucleares; tres países ribereños establecieron un entendimiento hidroeléctrico tripartito.

El giro a la izquierda, una nueva integración energética

El principio del siglo XXI vio una ola de gobiernos de izquierda en el poder, elegidos por poblaciones cansadas de las promesas fracasadas del neoliberalismo. En el centro de muchas campañas electorales y, después, en iniciativas de gobiernos estaba el tema sobre los recursos naturales. Los flamantes regímenes de Bolivia y Venezuela se concentraron en políticas públicas relacionadas al hidrocarburo y la pregunta de cómo sembrar petróleo y gas natural para beneficiar a la nación, así como también lo hicieron los gobiernos de Ecuador y Perú. Néstor Kirchner y Cristina Fernández vinieron de la provincia de Santa Cruz, que es la más rica en petróleo de Argentina. El experimento de Chile recalcó el rol de la extracción mineral, principalmente cobre pero también el litio (un recurso que Bolivia también tiene en abundancia), iodo y renio. Una literatura robusta dentro y fuera de la academia ha explorado temas de extractivismo de hidrocarburo y mineral y su rol complicado en los giros a la izquierda, pero curiosamente el rol de hidroelectricidad en los gobiernos de Lula da Silva, Dilma Rousseff y Fernando Lugo ha sido dejado de lado.

El ex-obispo de izquierda, Fernando Lugo, logró vencer al Partido Colorado en abril del 2008, después de seis décadas en el poder, capturando y dirigiendo el descontento ciudadano en Paraguay con relación a promesas incumplidas y al *estatus quo*, conectando muchas quejas a la represa binacional Itaipú, clamando a que Paraguay "recupere su soberanía hidroeléctrica" (ABC COLOR, 2006). A pesar de las imágenes triunfalistas en Paraguay, Itaipú representó dos fallas para ese país: una fuente de enriquecimiento ilícito para las élites paraguayas; una relación explotadora y desigual con Brasil en el control y reparto de un recurso supuestamente igual. El día después de su victoria, Lugo anunció que en el momento de su asunción constituiría un equipo formal encabezado por el ingeniero y militante progresista Ricardo Canese para revisar unos aspectos del tratado de Itaipú. De hecho, uno de sus primeros actos de gobierno fue formalizar la Comisión de Entes Binacionales Hidroeléctricos (CEBH), como dependencia de la cancillería, con Canese como director. La campaña progresista para la soberanía hidroeléctrica ayudó a lanzar al ex-obispo y a sus aliados al poder. Así, la ola de izquierda llegó al país mediterráneo ubicado en el corazón del continente.

Canese y la Comisión de Entes Binacionales Hidroeléctricos propusieron seis puntos para el debate entre los dos gobiernos. Estos puntos fueron: 1) Libre disponibilidad; 2) Precio justo; 3) Revisión de la deuda; 4) Cogestión; 5) Contraloría; 6) Obras faltantes (CANESE, 2006).

Lo que quería el gobierno de Paraguay – libre disponibilidad – era la capacidad sin restricciones de vender la electricidad de Paraguay a cualquier mercado y a cualquier precio. En aquel momento, era imposible legalmente y materialmente. En Paraguay faltaban las líneas de alto voltaje necesarias para distribuir su mitad de electricidad en el país. Los obstáculos infraestructurales, sin embargo, eran mínimos comparados con los obstáculos políticos y diplomáticos relacionados a la libre disponibilidad y al precio justo. El tratado de 1973, parte del mismo sería revisado en el 2023, mantuvo que solamente los dos países que compartían Itaipú podrían beneficiarse de su energía. El precio controversial de la electricidad también fue especificado por el tratado. El Acta de Foz do Iguaçu (1966), aunque no especificó ningún detalle hidroeléctrico u otro detalle financiero, llamó al país "consumidor" a pagar un "precio justo" por la energía no usada por el otro país. Pero lo que sería "justo" no estaba definido. El tratado de 1973 obligó con "el monto necesario para compensar a la Alta Parte Contratante que ceda energía a la otra." La terminología del tratado era crucial. Según el tratado y los requisitos técnicos de hidroelectricidad (específicamente que la hidroelectricidad es consumida al momento en que es producida), ambos países acordaron adquirir toda la energía generada por Itaipú. Esta era una condición para el financiamiento – un mercado para toda la energía tenía que estar listo al mismo tiempo que se generaba esa energía. Pero, si un país no consumía toda su energía, cedería su energía al otro por un monto compensatorio. Nótese que los términos son de "cesión" y "compensación," no de "vender" y "pagar," y la frase "precio justo" no apareció.

En 2008, la compensación de Brasil a Paraguay por energía cedida llegó ~USD$2,80 por megavatio-hora, en adición a la tarifa básica de ~USD$42 (CUSE, el costo unitario de los servicios de energía) por la energía garantizada de Itaipú. Aun así, el precio del mercado en Brasil varió entre ~USD$80 a USD$120 por megavatio-hora. Electrobras, sus subsidiarios y sus accionistas se quedaron con la diferencia después de pagar los costos de transmisión. Mientras que élites del gobierno paraguayo podrían estar contentas con la fórmula para la compensación, los ciudadanos corrientes no. Era de conocimiento accesible, por ejemplo, que Brasil exportó electricidad a Uruguay a precios más altos que Paraguay a Brasil – el diario uruguayo *Búsqueda* publicó un artículo en 2009 sobre la situación "catastrófica" de energía en el país: "el costo por megavatio-hora que importamos de Brasil era $188" (BÚSQUEDA, 2009). Tekojoja, el movimiento político y social que acompañó al obispo para llegar al poder en Paraguay, convirtió en una causa nacional contundente que el precio por la energía vendida al Brasil debería ser aumentado y el dinero debería ser invertido en transformación social y destinados para la creación de empleo, salud y educación. Lugo, Canese y los otros miembros del sector energético paraguayo, incluso el Director General Paraguayo de Itaipú, Carlos Mateo Balmelli, se reunieron regularmente con sus pares brasileños por casi un año para negociar los seis puntos.

Lula da Silva y Fernando Lugo firmaron una Declaración Conjunta con treinta y un puntos, en julio del 2009, con el objeto de resolver muchos de los asuntos sobre Itaipú. El documento llamó a aumentar la compensación por un factor de tres, además de ofrecer una estrategia financiera para construir la infraestructura energética necesaria dentro de Paraguay. También afirmó el derecho de Paraguay a comercializar ventas de energía en forma directa en el mercado brasileño (Paraguay podría cobrar el precio de mercado y no sólo una compensación establecida por el tratado) y mencionó la posibilidad de vender a terceros países a partir del 2023. De manera interesante, el documento también trató dos áreas de mucha importancia binacional: el comercio de triangulación entre Paraguay, Ciudad del Este, con Brasil y la situación de los migrantes brasileños (brasiguayos) viviendo en Paraguay, cuya ocupación principalmente es la agricultura y la ganadería. La Declaración

Conjunta re-imaginó la integración como un nexo de energía, comercio y agricultura con desarrollo social, derechos humanos y soberanía popular como principios rectores.

Consideraciones finales

En el 2023, partes importantes del tratado de Itaipú serán revisadas. La construcción legal en el marco del derecho internacional de la región, los tipos de integraciones que se puedan generar y las prioridades energéticas que se establecerán en esa revisión tendrán impactos ramificantes. La pregunta central sobre la mesa es cómo calcular la tarifa de la energía vendida por Itaipú. Según el Tratado de Itaipú (1973), la represa debe tener ingresos neutrales (sin lucros y sin pérdidas), la tarifa está basada en los costos de la usina y los gobiernos no deben aplicar impuestos. Sin embargo, los gobiernos encontraron una forma de beneficiarse: la fórmula para la tarifa del Anexo C del tratado incluye varios montos que proveen ingresos – renta energética – a los gobiernos de Brasil y Paraguay. El resarcimiento, *royalties* y utilidades direccionan las ganancias de la venta de energía a las utilidades públicas (Ande y Eletrobras) y a los tesoros nacionales. De los ~USD$4 billón en ventas anuales, ~USD$1 billón va directamente a los dos gobiernos (ITAIPU, 2018, p. 26). Cerca de USD$1 billón va a operaciones (salarios, mantenimiento y también cientos de millones destinados a "fondos sociales" que pueden ser usados por la Itaipú para financiar proyectos a discreción de las Direcciones Generales). Más de la mitad de los ingresos están destinados a pagar la deuda de USD$60 billones, que terminará de ser pagada en el 2023.

Entonces, la discusión trata de cómo determinar la tarifa. Según la interpretación vigente del tratado, el precio se precipitaría a más del 60 por ciento – tesis apoyada por la industria y por muchos ciudadanos. Planificadores de energía, sin embargo, reconocen que esto perturbaría a ambas economías y que en Paraguay aumentaría el consumo de los usuarios grandes, dejando de lado a los usuarios con limitado acceso de energía.[7] Políticos en Paraguay, mientras tanto, tienen un interés en mantener la tarifa como se encuentra y contar con un billón de dólares adicionales como recursos alternativos para el gobierno. Por lo tanto, el enfoque principal del debate tiene una perspectiva rentista y, por ende, sobre la mejor manera de gastar billones de dólares provenientes de la renta energética.

Sin embargo, hay dos temas aún más importantes sobre la mesa: uno teorético y otro sobre políticas públicas. Cuando el tratado fue debatido, inicialmente los efectos del cambio climático no estaban a la vista. Hoy en día, el calentamiento global antropogénico y la escasez del agua (y más aún la amenaza de guerras por el agua) han cambiado la percepción pública y técnica del valor de este recurso natural. Las negociaciones sobre Itaipú podrían cambiar como el agua esta entendida como recurso. Más allá de la visión rentista, para Paraguay, la pregunta y la oportunidad más grande es sobre la energía en sí. Actualmente, Paraguay solamente usa ~13 por ciento de la energía de Itaipú para abastecer la mayoría de sus necesidades energéticas, cediendo el superávit a Brasil. Mientras que hay expectativas en Paraguay, en Brasil hay preocupación sobre la posibilidad de que el país más pequeño busque aumentar el monto cobrado por compensación, pero lo que sí cambiaría las reglas del juego

7 Vease el trabajo de Grupo de Investigación en Sistemas Energéticos (GISE) de la Facultad Politécnica – Universidad Nacional de Asunción, especialmente "Boletín sobre energía y desarrollo Paraguay 2023". Mayo de 2018. Disponible EN: http://www.pol.una.py/archivos/boletin_2023_gise_mayo_2018_v5.pdf.

sería que Paraguay decida priorizar el uso de la energía en su territorio (HIRATA, 2019). Debido a que posee un excedente masivo de energía limpia, Paraguay tiene la oportunidad única en la vida de invertir ese excedente para emprender una industrialización que lo encamine hacia un desarrollo sostenible y sustentable produciendo empleo, aumentando el estándar de vida y disminuyendo sustantivamente la pobreza.

Al regresar a la premisa de este capítulo: si consideramos los impactos políticos de las dinámicas hídricas del Paraná en la Triple Frontera, vemos cómo y por qué la energía ha formado las relaciones internacionales entre Brasil, Argentina y Paraguay. El potencial del río facilitó diferentes metas políticas entre estos tres países, pero también representó prioridades nacionales e historias distintas. Es decir, lo material y lo sociopolítico están conectados y juntos crean la frontera. El concepto de pensando como una cuenca (*basin-thinking*), las cantidades de energía que rompen récords mundiales, la pacificación nuclear, el aporte a un giro hacia la izquierda, el derecho internacional que emergió de la gobernanza trinacional de la frontera y otras cuestiones más han hecho que el agua motive a la política. Puede ser que, por el cambio climático y la escasez del agua, el concepto pensando como una cuenca (*basin-thinking*), basado en hidrología como el cimiento de una escala para la acción política-económica, se vuelva aún más importante en el siglo XXI.

*Agradezco a los organizadores de este libro, Micael Alvino Silva e Isabelle Somma, por invitarme a participar en esta conversación tan urgente. Agradezco también a Juan Carlos Duré Bañuelos por su lectura y comentarios sobre el capitulo, además de su ayuda cuidadosa con la traducción al castellano. Los errores que quedan son solamente míos.

Referencias

a) Documentos

ACTA de Foz do Iguaçu (Brasil-Paraguay). (1966).

ACUERDO Tripartito para el Aprovechamiento Hidroeléctrico Itaipú y Corpus (Argentina-Brazil-Paraguay). (1979).

ARQUIVO Histórico do Itamaraty. Classificação: AAS mre bp 1977.09.13 / Série: mre - Ministro das Relações Exteriores / Subsérie: bp - Bacia do Prata / Data de produção: 29.11.1972 a 13.09.1977 (Data certa) / Quantidade de documentos: 38 (245 folhas).

DECLARACIÓN Conjunta (Brasil-Paraguay). (2009).

ITAIPU Binacional. Memoria Anual 2017, 2018.

MUSEO y Centro de Documentación y Archivo para la Defensa de Derechos Humanos, Carta abierta que dirigiera el Centro de Estudiantes de Ingeniería a cada Diputado Nacional en Junio de 1973. 00149F0351-0363, Asunción, Paraguay, 1977.

TRATADO de Itaipú (Brasil-Paraguay). (1973)

TRATADO de la Cuenca de la Plata (Argentina-Bolivia-Brasil--Paraguay-Uruguay). (1969).

TRATADO de no Proliferación Nuclear. (1968).

TRATADO de Paz y Amistad Perpetua entre Brasil y Paraguay. (1872).

TRATADO de Tlatelolco. (1967).

TRATADO de Yacyretá (Argentina-Paraguay). (1973).

b) Bibliografía

ABC COLOR. Paraguay no quiere migajas, sino lo que le pertenece, advierte monseñor Lugo. *ABC Color*, Asunción, 5 dez. 2006. Disponible en: http://www.abc.com.py/edicion-impresa/politica/paraguay-no-quiere-migajas-sino-lo-que-le--pertenece-advierte-monsenor-lugo-948499.html. Acceso al 18 de abril de 2019.

BLANC, J. A Turbulent Border: Geopolitics and the Hidroeletric Development of the Paraná River. In: BLANC, J.; FREITAS, F. *Big Water: The Making of Borderlands Between Brazil, Argentina and Paraguay.* Chicago: University of Arizona Press, 2018, p. 211-241.

BURR, W.; COHEN, A. Israel's Quest for Yellowcake: The Secret Argentine-Israeli Connection, 1963-1966. 2013. Disponible en: https://nsarchive2.gwu.edu/nukevault/ebb432/. Acceso al 1 de febrero de 2019.

BÚSQUEDA. Con las represas en situación "catastrófica," UTE consumió un tercio de petróleo importado y compra energía cara a Brasil. *Búsqueda,* Montevidéo, 23 abr. 2009, p. 15.

CANESE, R. *La recuperación de la soberanía hidroeléctrica del Paraguay. En el marco de Políticas de Estado de energía.* Asunción: Editorial El Ombligo del Mundo, 2006.

CARASALES, J. C. The Argentine-Brazilian Nuclear Rapprochement. *The Non-Proliferation Review,* 2, n. 3, 1995, p. 39-48.

DEBERNARDI, E. *Apuntes para la Historia Política de Itaipú.* Asunción: Editorial Gráfica Continua S.A., 1996.

EL CLARÍN. Lula: "Yo voy a elegir a mi sucesor y es muy posible que sea una mujer.". *El Clarín,* Buenos Aires, 8 set. 2008.

FOLCH, C. *Hydropolitics: The Itaipú Dam, Sovereignty, and the Engineering of Modern Latin America.* Princeton: Princeton University Press, 2019.

FOLCH, C. Surveillance and State Violence in Stroessner's Paraguay: Itaipú Hydroelectric Dam, Archive of Terror. *American Anthropologist,* 1, n. 115, 2013, p. 44-57.

FOLHA DE S.PAULO. Brasil toma decisão unilateral sobre ciclagem. *Folha de S.Paulo,* São Paulo, p. 26, 11 nov. 1977.

GUTIÉRREZ, A. C. Un jerarca nazi logró que Stroessner acepte la construcción de Yacyretá. *Última Hora,* Asunción, 10 jun. 2018. Disponible en: https://www.ultimahora.com/un-jerarca-nazi-logro-que-stroessner-acepte-la-construccion-yacyreta-n1152033.html. Acceso al 25 de enero de 2019.

HIRATA, T. Renegociação de Itaipu pode elevar conta de luz. *Folha de S.Paulo,* São Paulo, 26 jan. 2019. Disponible en: https://www1.folha.uol.com.br/mercado/2019/01/renegociacao-de-itaipu-pode-elevar-conta-de-luz.shtml. Acceso al 2 de febrero de 2019.

LIMA, L. Para Bolsonaro, rompimento do sigilo pode revelar que Itaipu é uma arma do Brasil para inundar a Argentina. *IG – Último Segundo,* São Paulo, 16 jun. 2011. Disponible en: http://poderonline.ig.com.br/index.php/2011/06/16/para-bolsonaro-rompimento-do-sigilo-pode-revelar-que-itaipu-e-uma-arma-do-brasil-contra-a-argentina/. Acceso al 17 de noviembre de 2018.

SÁNCHEZ, J. L. B. *El Paraguay Como Fuente Energetica. El Kanendiyú Guasú o Gran Salto del Guayrá. Su aprovechimiento hidroeléctrico según los Proyectos Brasileños.* Asunción: [s. n.], 1968.

SCARONE, H. ITAIPU: la bomba hídrica brasileña. Crisis, Buenos Aires, dic. 1975, p. 9-11.

STROESSNER, A. *Discurso Pronunciado en el acto inaugural de la VIa. Reunión de la Asamblea de Gobernadores del Banco Interamericano de Desarrollo, 26 de Abril.* Asunción: Subsecretaria de informaciones y cultura de la Presidencia de la Republica, 1965.

4.
Agenda política internacional e vinculação ao terrorismo no pós-Guerra Fria

Mamadou Alpha Diallo

Política internacional é uma definição para um campo de ação homônimo a uma disciplina das Relações Internacionais, que se dedica ao estudo de acontecimentos e processos políticos que transcendem as fronteiras dos Estados nacionais. Nessa área, um conjunto de análises se dedica à compreensão sobre como os Estados soberanos, com fronteiras territoriais delimitadas, com sociedade, política e cultura distintas podem interagir em um ambiente "anárquico" sob uma Ordem Internacional (PECEQUILLO, 2009).

O fim da Guerra Fria foi marcado simbolicamente pela queda do Muro de Berlim e, ao mesmo tempo, representou o término do "breve século XX" (HOBSBAWM, 1995). Nessa definição, o século XXI começou na virada de 1980 para 1990 e foi caracterizado pelo fim da Ordem Internacional da Guerra Fria, segundo a qual o mundo se dividia ideologicamente entre países capitalistas e comunistas, capitaneados pelos Estados Unidos e pela União Soviética, respectivamente. O rompimento da ordem bipolar simbolizado na queda do Muro de Berlim, em 1989, gerou momentaneamente uma expectativa para as relações internacionais.

No meio acadêmico, não faltaram análises que corroborassem com esta euforia inicial, como aquela que nomeou o "fim da história", por exemplo (FUKUYAMA, 1992). Nos Estados Unidos, o então presidente George H. W. Bush (1989-1993) anunciou que o mundo estaria diante de uma Nova Ordem Mundial. Com exceção de problemas internacionais de abrangência regional, a ausência de um problema aglutinador global possibilitou o estabelecimento de uma agenda internacional pautada em "novos temas": meio ambiente, crime transnacional, narcotráfico e direitos humanos.

Até 11 de setembro de 2001, a tendência de aquecimento global era vista por muitos como "a mais séria ameaça à comunidade global" (TULCHIN, 2016, p. 136). Depois dos atentados, o crime transnacional de terrorismo passou a ser o principal tópico da agenda política internacional. Como consequência, a reação dos Estados Unidos ao ataque terrorista às torres gêmeas e ao Pentágono levou as relações internacionais ao abandono da Nova Ordem Mundial e alguns analistas diminuíram o tom, passando a explicar que o que se vive desde o fim da Guerra Fria é uma transição para outra ordem internacional (KISSINGER, 2015).

Muitos são os significados do enfrentamento ao terrorismo para as relações internacionais. Norteando as políticas de segurança em todo o mundo, o terrorismo chegou a lugares considerados prioritários pela Guerra ao Terror empreendida pelo governo de George W. Bush, como foi o caso do Afeganistão no Oriente Médio. Diversas outras regiões foram atingidas pela doutrina estadunidense, dentre as quais a Tríplice Fronteira entre Argentina, Brasil e Paraguai, na América do Sul. Distante e incomparáveis, tanto o Afeganistão quanto a Tríplice Fronteira compartilham da inserção na agenda de segurança internacional pós-11 de setembro.

Tendo em vista essa problemática, este artigo apresenta os resultados parciais da pesquisa intitulada "A Tríplice Fronteira e os Novos Temas das Relações Internacionais: o Terrorismo Internacional", desenvolvida pelo autor no âmbito do Grupo de Pesquisa Tríplice Fronteira e Relações Internacionais da Unila. O objetivo deste capítulo é analisar a vinculação da Tríplice Fronteira ao terrorismo no contexto pós-Guerra Fria. O texto está dividido em duas partes: o significado do fim da Guerra Fria e os conceitos utilizados para a análise da temática, especialmente o de terrorismo radical; e a vinculação do fundamentalismo islâmico com a Tríplice Fronteira.

O pós-Guerra Fria e os conceitos contemporâneos

O fim da Guerra Fria rapidamente mostrou que se encerrou um período histórico. As boas perspectivas iniciais foram logo substituídas por uma sensação de que se tratava mais de uma nova fase (de transição) do que de uma nova ordem internacional. De acordo com Paulo Fagundes Visentini (1996), apesar de, no âmbito diplomático e militar, a situação dos Estados Unidos parecer apontar para um sistema unipolar, no plano da política internacional o poder apresentava-se cada vez mais diluído. Nesta lógica, a dimensão econômico-tecnológica da globalização configurava traços de multipolaridade.

Quando o comunismo desabou no Leste Europeu e a União Soviética se desmembrou em 1991, a Guerra Fria chegou ao fim e os Estados Unidos emergiram como a única superpotência do mundo (LOWE, 2011). Esperava-se um mundo de paz, estabilidade e harmonia, no qual os Estados Unidos, enquanto arautos da liberdade e da benevolência, liderariam o restante do mundo em seu avanço rumo à democracia e à prosperidade. Evidentemente que este processo traria efeitos colaterais, pois, como lembrou Noam Chomsky, sempre que necessário, o país do Tio Sam atuaria como a polícia do mundo, elegendo os Estados delinquentes. Nessa lógica de tutela a alguns Estados a fim de mantê-los sob controle, surgiu o conceito de Estado pária (CHOMSKY, 2016).[1]

Contudo, a inicialmente suposta Nova Ordem Mundial se revelou muito diferente do que havia sido anunciada. Grande parte do restante do mundo não queria ser guiada pelos Estados Unidos e muitos até mesmo discordavam de sua visão de mundo e de relações internacionais. Contudo, tratava-se de uma discordância sem capacidade de desafiar a única superpotência econômica e militar do mundo. Este foi considerado um dos motivos pelos quais os grupos extremistas passaram a lançar mão do terrorismo como única forma de atingir os alvos norte-americanos e de seus aliados (LOWE, 2011; VISENTINI, 1996).

A existência de grupos extremistas em certos Estados párias aduzia o fato de que, em certos lugares do mundo, algumas pessoas reuniam condições para planejar, financiar e concluir uma iniciativa terrorista. Em uma luta contra o inimigo ocidental, parecia que ao invés de uma nova ordem mundial, se estava diante de uma nova Idade Média (KHANNA, 2011; VISENTINI, 1996). Samuel Huntington chegou até mesmo a recuperar a origem da expressão "La Guerra Fría", que teria sido inventada pelos espanhóis no século XIII para descrever sua "coexistência inquieta" com os muçulmanos no mediterrâneo. Sob essa inter-

---

1 No sentido mais geral, o termo "Estado pária" (Rogue States, em inglês), designa um Estado acusado pelos Estados Unidos de não respeitar nem o direito internacional nem os padrões internacionais de boa governança e comportamento. Os Estados assim classificados são tipicamente governados por regimes autoritários, que restringem severamente os direitos humanos e são geralmente hostis ao Ocidente e seus aliados. São frequentemente acusados de patrocinar o terrorismo e/ou adquirir ou desenvolver armas de destruição em massa (CHOMSKY, 2016, p 12-14).

pretação, no final dos anos 1990, muitas pessoas estariam diante de uma "guerra fria civilizacional", mais uma vez entre o Islã e o Ocidente (HUNTINGTON, 1997, p. 259).

Nesta abordagem de civilizações em choque, o fim da Guerra Fria representou o término do conflito entre capitalismo-comunismo; Leste-Oeste. Mas o conflito civilizacional ressurgiu entre o mundo ocidental e o mundo muçulmano. Neste contexto, esse mundo foi representado pelos grupos extremistas compostos por ativistas muçulmanos radicais. Nesta linha, Huntington advertia que diante do novo cenário, a confiança e a amizade seria rara e, como as civilizações são as últimas modalidades de tribos humanas, o "Choque das Civilizações" representaria o conflito tribal numa escala mundial (HUNTINGTON, 1997, p. 260).

A leitura de Huntington trouxe uma decepção para os otimistas que anunciavam uma Nova Ordem Mundial benevolente sob a tutela dos Estados Unidos. Apesar de anunciado, não era o "fim da história", no sentido de que o fim da Guerra Fria representava também o fim de conflitos na política global e o surgimento de um mundo relativamente harmônico (FUKUYAMA, 1992).

As boas perspectivas iniciais do mundo pós-Guerra Fria foram embasadas principalmente no dinamismo econômico que o fim do comunismo trouxe consigo. Desde a década de 1960, a globalização crescia exponencialmente no mundo capitalista e o rompimento das barreiras ideológicas representaram, acima de tudo, abertura de novos mercados. A isso se soma o desenvolvimento das tecnologias da informação, comunicação e transporte (HOBSBAWM, 1995). Contudo, o fenômeno da globalização se mostrou um caminho de mão dupla: de um lado de extraordinária aproximação das pessoas e as facilidades do comércio internacional (SEN, 2001; CHANDA, 2011); do outro lado da globalização, o reconhecimento de que, pelos mesmos caminhos dos fluxos lícitos, caminham os fluxos ilícitos de mercadorias e pessoas (BUSS, 2007; SANTOS, 2011).

A síntese deste processo resultou nos atentados terroristas aos Estados Unidos em 2001 e indicou que o fim da Guerra Fria, longe de significar o fim do caos sistêmico, anunciava um mundo globalizado, problemático e conflituoso. Portanto, o fim da Guerra Fria marcou também o fim da concepção de segurança global marcada pela ameaça soviética. Mas, após o 11 de setembro de 2001, o terrorismo se consolidou como uma ameaça mais complexa e perigosa, com possíveis chances de associação com outras modalidades de criminalidade transnacional, como o narcotráfico, por exemplo.

Neste contexto de pós-Guerra Fria, alguns conceitos contemporâneos são importantes para a análise da Tríplice Fronteira na agenda da Política Internacional. Para os fins deste artigo, se considera importante definir: segurança, securitização, crime organizado transnacional, terrorismo e fundamentalismo islâmico.

Nas relações internacionais, segurança é entendida como a ausência de ameaça militar de origem externa à sobrevivência objetiva de um Estado. Seguindo esta definição clássica, para os Estados Unidos o terrorismo se tornou uma ameaça evidente após 11 de setembro de 2001, com um agravante na compreensão: os atentados não foram levados a termo por outro Estado inimigo, mas por uma organização fundamentalista islâmica, a Al Qaeda, com tentáculos em múltiplos espaços no Oriente Médio. Apesar de a Guerra ao Terror ter como alvo o Afeganistão, o motivo não era o Estado em si, mas a condição de Estado Pária que permitia o desenvolvimento da rede terrorista em suas fronteiras.

Identificar, estimar e traduzir um assunto em matéria de segurança é o processo chamado de securitização. Em outras palavras, securitizar significa transformar um assunto em uma ameaça potencial e desencadear ações preventivas a fim de evitar a concretização da ameaça. Deste modo, securitização é um ato político e discursivo que não necessariamente representa uma questão crucial à sobrevivência objetiva de um Estado (BUZAN, WAEVER e WILDE, 1998, p. 19). Portanto, a securitização pode ser vista como uma versão mais extrema de politização apresentada como uma ameaça existencial, que necessita de medidas de emergência e justifica ações fora dos limites normais do processo político (VILLA, 2018).

Tanto um conflito real (segurança) quanto a construção discursiva (securitização) em torno de um potencial e ameaçador conflito que ameace a existência de um Estado informam os atores políticos sobre suas respectivas tomadas de decisão. No mundo pós-Guerra Fria, as ameaças reais e as potenciais partem principalmente de grupos não estatais. Neste sentido, desde 2001, os analistas têm sido unânimes em afirmar que o crime transnacional é uma das principais ameaças e um desafio para os ordenamentos jurídicos nacionais e internacionais (SANTANA, 2012).

De acordo com a Convenção de Palermo, um crime transnacional pode ser definido como uma ação que começa ou ocorre em um país, ainda que de forma lícita, a fim de atingir ou cometer ilícitos em outro Estado (GOMES, 2008). Trata-se de uma ação que extrapola as fronteiras nacionais por criminosos geralmente aglutinados em pequenos e difusos grupos, agindo de forma racional e continuada, objetivando o ganho ilícito através do fornecimento de bens ou serviços com grande demanda (WERNER, 2009; CEPIK e BORBA, 2011). Há um considerável aumento de tais atividades com o fim da Guerra Fria (que derrubou o "escudo" para o oeste) e o aproveitamento das possibilidades trazidas com a globalização (DURMAZ, 2005, p. 23).

Dentre os crimes transnacionais, desde a década de 1980 a América Latina, especialmente a Colômbia, vivenciou a política exclusiva dos Estados Unidos na Guerra às Drogas. Nesse sentido, o narcotráfico foi o principal norteador daquela política norte-americana para a região nos anos 1980 e 1990, até que o terrorismo passou a ocupar o lugar de destaque (VILLA, 2014).

Apesar de evidenciado no século XXI, o terrorismo é um fenômeno que ganhou importância durante o século XIX, definido como um instrumento de demanda política usado por grupos nacionalistas, anarquistas e revolucionários. Em linhas gerais, o terrorismo pode ser definido como o uso premeditado e deliberado da violência por um indivíduo ou grupo de pessoas politicamente motivadas (CASTRO, BUESA e BAUMERT, 2009).[2]

Eric Hobsbawm dividiu o fenômeno em quatro ondas históricas: a onda da anarquia iniciada da década de 1880, na Rússia; a onda anticolonial, que se iniciou na década de 1920 e durou cerca de quarenta anos; a onda da Nova Esquerda, cujo melhor exemplo pode ser buscado nas Forças Armadas Revolucionárias da Colômbia (FARC), iniciada na década de 1960; e a onda religiosa, iniciada em 1979 com a Revolução Iraniana

---

2 Também nos deparamos com várias classificações de terrorismo e até mesmo certa controvérsia sobre elas. Dependendo de onde isso ocorre, podemos falar de terrorismo nacional, transnacional ou mesmo internacional. Nestas definições, o PCC (Primeiro Comando da Capital) promoveria ações terroristas nacionais com objetivo de afrontar o Estado Nacional; os membros do ETA (Pátria Basca e Liberdade) poderiam ser classificados como terrorismo transnacional por ter base em um Estado e promover ações contra outro com a finalidade de tornar um território independente; e a Al-Qaeda seria um grupo terrorista internacional, já que além de redes ou infraestruturas transnacionais, também objetivariam o fim do mundo ocidental (CASTRO, BUESA e BAUMERT, 2009).

e que se apresenta hoje como a mais relevante manifestação do fenômeno do terrorismo moderno (HOBSBAWM, 2007, p. 09).

Neste contexto da onda religiosa, encontra-se o fundamentalismo islâmico. Os fundamentalistas, como os membros da Al-Qaeda, representam um pequeno, mas poderoso, número de pessoas que professam a fé islâmica. No islamismo, 90% dos fiéis são classificados como "tradicionais"; 9% como "fundamentalistas"; e 1% como "inovadores" ou modernos (BAYO, 2012). A associação ao islamismo é reivindicada pelos próprios fundamentalistas que pautam seus argumentos através de termos como a Jihad.

Assim, o terrorismo internacional, neste início do século XXI, vem sendo associado ao islamismo (terrorismo islâmico) porque as lideranças assumem a busca no islamismo para as justificativas e argumentos através do uso de termos como Jihad, como sinônimo de "guerra santa" em nome de Deus. Os fundamentalistas utilizam desta definição em detrimento de outras, e sobretudo aquela que paradoxalmente define a Jihad como significado de ética religiosa, abordagem em que o termo assume função de um sinônimo de esforço dinâmico, um autocontrole racional dos impulsos naturais e o monitoramento daquelas tendências sociais que afastam o fiel dos mandamentos divinos (JALAL, 2009).

O conceito de fundamentalismo islâmico é particularmente importante para a análise proposta e será retomado a seguir. Como já adiantaram os capítulos anteriores, a Tríplice Fronteira é uma região que agrega uma importante comunidade árabe muçulmana. Os membros da comunidade atuam sob este contexto do mundo pós-Guerra Fria e sobre eles recairá a acusação argentino-americana de que possuem vínculos com o terrorismo. A próxima seção do texto é dedicada a compreender este aspecto.

O fundamentalismo islâmico e a Tríplice Fronteira

O fenômeno do fundamentalismo islâmico deve ser entendido enquanto regresso absoluto ao Alcorão como único fundamento de toda a crítica e renovação religiosa (SCOTT, 2010). Segundo Thomas Meyer (1990), a emergência dos movimentos fundamentalistas constitui uma resposta à modernização proposta pelos Estados-Nações e é o sintoma de uma crise generalizada: crise econômica, cultural, de identidade e de autoridade. Seu surgimento se insere no centro da modernidade. Se de um lado há a modernidade secularizada do Estado-Nação, de outro ocorre a reação à essa modernidade, vista como ocidentalizante, liberal e tecnocrática (PANASIEWICZ, 2008).

Os fundamentalistas advogam a aplicação da "Xaria" (lei islâmica) como único fundamento de organização da sociedade. Isto pressupõe uma rejeição das bases do Estado moderno e das civilizações ocidentais, que são vistas como responsáveis pelos males enfrentados pelas regiões periféricas e principalmente muçulmanas. Com esse discurso, o fundamentalismo islâmico, que surgiu no início do império muçulmano no século VII, com disputas sobre governança política da comunidade muçulmana, passou a ganhar mais adeptos no presente (LEWIS, 2004, p. 134).

Outra ideia antiga recuperada e ressignificada por grupos de fundamentalistas foi a figura do mártir. A própria sucessão do profeta Muhammad está associada ao termo, já que dos primeiros quatro califas e sucessores do profeta Muhammad, somente o primeiro, Abu Bakr Assiddiq, não foi assassinado. O segundo, Omar, foi morto por um escravo cristão, enquanto o terceiro e o quarto, Othman e Ali, foram assassinados por rebeldes muçulmanos. Segundo Ahmad Mazloum (2017), as mortes violentas corroboravam com o entendimento do cumprimento de uma profecia de

Muhammad segundo a qual dentro do seu grupo havia o profeta (ele mesmo); o veraz (Abu Bakr); e os mártires. A ideia de mártir foi recuperada e explorada pelos radicais islâmicos desde o início da luta contra a colonização ocidental no século XVIII e ganhou força a partir da Revolução Iraniana em 1979.[3]

A ascensão dos movimentos islâmicos militantes refletiu uma combinação de fatores sociais e políticos, além de que a urbanização promoveu uma mudança socioeconômica rápida e contraditória nos Estados muçulmanos. Estes fatores levaram à contestação dos governos no pós-Guerra Fria, marcado pelas "ondas democráticas", que reforçaram as divisões internas nos países periféricos em geral, incluindo os países de maioria muçulmana da África e do Oriente Médio. Efetivamente, foi nesses países que o fundamentalismo, como movimento político de caráter islâmico ganhou notoriedade na década de 1990 e início de 2000.[4]

---

3 No contexto do fim da Guerra Fria, os movimentos políticos de caráter islâmico se multiplicaram e se fortaleceram. Como crença religiosa, o Islã tem algumas características uniformes, mas como movimento social e apolítico é diverso, variando em cada país em seu contexto social e significado político. O Islã político no Irã é um movimento urbano, no Afeganistão é rural. No Paquistão, na Arábia Saudita e no Irã contemporâneo, o Islã é uma ideologia da hegemonia do Estado. Em outras sociedades, ela atua como expressão de tendências de oposição, em particular articulando as ideias de grupos sociais dominados pelo Estado: isso tem sido verdade na Turquia, no Egito, na Síria e, antes de 1979, no Irã (HALLIDAY, 1987).

4 O período coincide com a ascensão de grupos como Hamas, Hezbollah, Al Qaeda, AL Shabab, Al-Qaeda do Magreb Islâmico, Boko Haram, etc., quando assumiram protagonismo político em seus respectivos espaços de atuação e passaram a influenciar a política internacional.

Dois atos já mencionados desde a introdução deste livro aproximaram a Tríplice Fronteira do fundamentalismo islâmico. Os atentados na Argentina entraram para a história e figuram como casos isolados no contexto da América Latina. A vinculação da Tríplice Fronteira com aqueles acontecimentos ocorreu quase que de imediato em 1992. Na ocasião, os investigadores argentinos apontaram que poderia haver algum tipo de apoio logístico desde a fronteira da Província de Misiones.

Os mais de vinte e cinco anos que separam o presente das primeiras acusações de terrorismo indicam que a teoria da securitização é válida para explicar o que ocorre na região. Sem que tenha havido uma prova irrefutável da presença ou do auxílio de pessoas da Tríplice Fronteira ao terrorismo internacional, os acontecimentos demonstraram que se está diante de uma construção de ameaça e não de uma ameaça em si. Reconhecer isso não implica negar a existência de ilícitos de ordens diversas na Tríplice Fronteira, incluindo o crime organizado e os indícios de possibilidade de ganhos advindos do comércio ilícito internacional (SILVA e COSTA, 2018; SILVA, DOLZAN e COSTA, 2019).

Ocorre que há uma grande comunidade árabe que, em geral, reside em Foz do Iguaçu e possui negócios em Ciudad del Este, estimada em torno de 12 mil pessoas, sendo a maioria de nacionalidade libanesa. Em geral, são muçulmanos xiitas provenientes sobretudo do Sul do Líbano e do Vale do Bekaa, de onde imigraram fugindo da Guerra Civil principalmente na década de 1980. O motivo da imigração foi principalmente a fuga do conflito somada à possibilidade de comércio internacional que se abria com o advento de Ciudad del Este (RABOSSI, 2007; KARAM, 2011; NASSER, 2017). O que vinculou as pessoas da comunidade à problemática do fundamentalismo foi o fato de que o local de origem coincide também com o local de atuação do Hezbollah.

No sul do Líbano e no Vale do Bekaa, há uma forte presença política e social do Hezbollah. A organização, que atualmente controla instituições de caridade, escola e hospitais, surgiu no contexto da Revolução Iraniana e do conflito civil libanês. Marcada por sua complexidade, evolução e capacidade de adaptação, o grupo se consolidou a partir de uma milícia armada criada para enfrentar as forças de Israel que haviam ocupado o sul do Líbano. Atualmente, o Irã segue sendo seu maior financiador e há suspeitas de que combatentes do Hezbollah atuem no conflito da Síria (FERREIRA, 2012).

Os Estados Unidos acusam o Hezbollah de ser uma organização terrorista desde os acontecimentos de Beirute em 1983.[5] Mas o grupo é mais complexo por conta de sua capilaridade na vida política libanesa. Desde o fim do conflito civil, além da milícia armada, o Hezbollah é também um partido político que faz

5 Em 18 de abril de 1983, a Embaixada dos Estados Unidos no Líbano foi alvo de um atentado terrorista na capital Beirute, que vitimou mais de 60 pessoas, a maioria das quais eram membros do pessoal da Embaixada, bem como fuzileiros e marinheiros. Além do ataque, se constatou uma evolução nos métodos quando o Hezbollah adotou a tática de "homem bomba", uma novidade que contava com a quase inexistência de um outro dado comparativo. Isso atraiu a atenção do mundo ao recém-formado grupo, já que havia poucos precedentes na história árabe, islâmica e até mundial. Seis meses depois, mais uma inovação: "a organização, o Hezbollah, virtualmente inventou o ataque terrorista em várias frentes quando, na manhã de 23 de outubro de 1983, sincronizou um ataque suicida, em Beirute, no quartel dos fuzileiros navais dos EUA e num prédio de apartamentos onde estava alojado um contingente francês em missão de paz. Esses ataques ocorreram com um intervalo de 20 segundos. Trezentos soldados da força multinacional morreram nesses ataques" (HELMER, 2006, p. 61).

parte da vida institucional libanesa, com assentos tanto no governo quanto no parlamento.

Na Tríplice Fronteira, o grupo é visto com simpatia por grande parte da comunidade árabe, que o considera desde o viés da libertação e da defesa da soberania do Líbano (KARAM, 2013). Mas há duas situações que inserem a Tríplice Fronteira na agenda de segurança internacional e que estão conectadas ao Hezbollah. Os atentados em Buenos Aires e os eventos de 11 de setembro de 2001 colocaram a Argentina e os Estados Unidos, respectivamente, como atores de um processo de securitização.

Ainda que as investigações sejam inconclusas, há um consenso de políticos e jornalistas argentinos de que há vinculação direta entre Irã, Hezbollah e Tríplice Fronteira com os atentados em Buenos Aires. Nesta versão, os fundamentalistas teriam recebido apoio logístico da comunidade árabe da Tríplice Fronteira para aproveitar da porosidade da fronteira para atingir os alvos. A Argentina se tornou o principal ator de securitização ainda na década de 1990, mas o protagonismo foi assumido pelos Estados Unidos após 11 de setembro de 2001. Diferentemente dos argentinos, os americanos não consideram seriamente a hipótese do apoio logístico, mas preocupam-se, prioritariamente, com a possibilidade de que os ganhos do comércio de Ciudad del Este financiem atividades terroristas (AMARAL, 2010).

O nível de integração dos libaneses na comunidade local foi um dos indícios de que não há um terreno fértil para o fundamentalismo na região (LEE, 2008). Afastada esta hipótese, o apoio financeiro que poderia ir para grupos terroristas é o fator mais preocupante na visão norte-americana. As fragilidades do sistema financeiro do Paraguai poderiam ser utilizadas para envio de dinheiro desde a Tríplice Fronteira para o Oriente Médio e, consequentemente, contribuir para financiar ações terroristas.

Nesse sentido, a região seria um espaço transnacional sem total controle dos Estados envolvidos e que serviria como uma *safe haven*. O termo que seria adequado para enquadrar os mencionados Estados Párias, também foi usado para a Tríplice Fronteira, inclusive em documentos oficiais do governo dos Estados Unidos. Mas efetivamente a denominação não se traduziu em produção de provas que se levasse a uma acusação específica (FERREIRA, 2012).

Ocorrências esporádicas de acusações e condenações foram registradas, como foi o caso da prisão de Assad Ahmad Barakat, por exemplo. Acusado de ser um dos arrecadadores do Hezbollah na região, Barakat foi condenado por sonegação fiscal e cumpriu pena no Paraguai até 2008. Mesmo que não haja condenações específicas ou provas irrefutáveis de terrorismo, a visão internacional sobre a Tríplice Fronteira é permeada por uma visão dual. De acordo com Arie Kacowicz, no que se refere à segurança, se identificam duas visões, sendo que a primeira aponta para existência de terroristas, baseado em "evidências" indicadas por "vários autores" e agências internacionais. A segunda visão indica que a acusação é mera invenção dos Estados Unidos, e se baseia no antiamericanismo, na política externa americana contra árabes, muçulmanos e na América do Sul como "terra sem lei" (KACOWICZ, 2015, p. 102).

Portanto, a vinculação a Tríplice Fronteira ao terrorismo não está diretamente associada ao fundamentalismo islâmico, há questões mais complexas em jogo. Nessa lógica, o que acontece na Tríplice Fronteira está mais para um reflexo da política internacional dos Estados Unidos para o Oriente Médio do que para uma ameaça real de terrorismo que possa ter a América do Sul como base. O Hezbollah vem tendo crescente destaque no discurso americano sobre a Tríplice Fronteira. Isso leva a uma constatação de que a preocupação mais recente não seja necessariamente o terrorismo, mas a forma mais eficaz para enfraquecer o Hezbollah (NASSER, 2017; CASTRO, 2019). O aliado do Irã é caracterizado por sua complexidade e há indícios de que sua expansão possa exigir cada vez mais a contribuição da diáspora libanesa pelo mundo.

Por fim, é importante ainda considerar outros aspectos de política internacional que envolvem a problemática. No discurso e no sentido da securitização, a Tríplice Fronteira foi o maior alvo dos Estados Unidos, superando até mesmo a Colômbia no contexto da Guerra às Drogas. Mas a condição institucional do Brasil e da Argentina impuseram aos Estados Unidos a necessidade de negociar por canais que priorizassem a cooperação internacional ao invés da intervenção direta, como ocorreu na Colômbia (VILLA, 2014). No entanto, o Paraguai, que apresentava uma condição mais assimétrica em relação aos Estados Unidos, não deixou de sofrer consequências mais drásticas. Nesse sentido, em 2006 foi instalada uma base militar provisória dos Estados Unidos em Mariscal Estigarribia, representando uma interferência direta e consequência do vácuo institucional na área de segurança regional no âmbito do Mercosul (VILLA, 2013).

Considerações finais

O fim da Guerra Fria e a globalização do século XXI aproximaram as pessoas e as regiões do mundo e aumentaram exponencialmente os fluxos de mercadorias. Na América do Sul, a região da Tríplice Fronteira foi um dos lugares beneficiados por este processo que atraiu centenas de pessoas para atuar no comércio internacional de Ciudad del Este. Dentre os imigrantes, uma parcela que fugia do conflito civil no sul do Líbano se estabeleceu no lado brasileiro da fronteira.

No âmbito da Política Internacional, chama a atenção a inserção da região na agenda de segurança internacional global, especialmente após os atentados de 11 de setembro de 2001. No contexto da Guerra ao Terror promovida pelos Estados Unidos, George W. Bush liderou um movimento que buscou as representatividades do terrorismo desde os lugares mais evidentes até os lugares mais remotos. A busca por vínculos de pessoas da comunidade árabe com o terrorismo encontrou um processo de securitização em andamento no que se refere à Tríplice Fronteira. O processo havia sido iniciado no início da década de 1990 e ganhou substantivo reforço desde 2001.

Em linhas gerais, o argumento do terrorismo tem sido a mais forte justificativa para a inserção da região na agenda de segurança global. No entanto, trata-se de uma sustentação no âmbito da securitização, que não necessariamente significa a existência de perigo ou de ameaça, porém constitui uma base discursiva para a tomada de decisão política contra eventuais ameaças. Os eventos desde a década de 1990 apontam para o fato de que a vinculação do terrorismo com a Tríplice Fronteira seja mais uma questão de securitização do que de segurança.

Mesmo assim, as análises descartam a comunidade árabe da Tríplice Fronteira como um espaço logístico para o fundamentalismo, como preconizaram as fontes vindas da Argentina. A preocupação dos Estados Unidos está mais associada às suspeitas de financiamento de terrorismo e um caso específico tem recebido destaque. O Hezbollah tem se apresentado como tópico de maior repercussão no processo mais recente de securitização da região. Assim como o argumento genérico de terrorismo não constituiu provas irrefutáveis de ações sistemáticas, o argumento de financiamento do Hezbollah também possui dois limites essenciais. Primeiro, trata-se de um grupo de atuação local e, no máximo, regional, já que seu interesse está no sul do Líbano e no Oriente Médio, respectivamente. Segundo, no que se refere ao terrorismo internacional, o Hezbollah está longe de ser um dos mais importante e perigosos grupos que ameaçam a segurança global se comparado a grupos como Al Qaeda, Boko Haram, Aqmim e Al Shabab.

Para além dos limites deste texto, ainda é preciso problematizar acerca dos reais motivos da inclusão da Tríplice Fronteira na agenda de segurança internacional. Essencialmente, há motivos e objetivos geopolíticos que extrapolam as questões que conseguimos levantar até o momento. A menor atenção que conseguimos dedicar às rivalidades internacionais entre a potência que foi hegemônica até a Guerra Fria (Estados Unidos) e os países emergentes como o Brasil, a China e a Rússia certamente merecem mais atenção futuramente e podem contribuir para esclarecer a real política por trás da inserção internacional da Tríplice Fronteira.

Referências

AMARAL, A. B. *A Tríplice Fronteira e a Guerra ao Terror.* Rio de Janeiro: Apicuri, 2010.

BAYO, O. A. Research on Terrorism: an overview of theoretical perspectives. *Asian Journal of Research in Social Science and Humanities*, 2, n. 9, September 2012, p. 1-34.

BUSS, P. M. Globalização, pobreza e saúde. *Ciência & Saúde Coletiva*, 12, n. 6, 2007, p. 1575-1589.

BUZAN, B.; WAEVER, O.; WILDE, *J. Security: a New Framework for Analysis.* London: Lynne Rienner Publishers, 1998.

CASTRO, I. C. S. D. A Tríplice Fronteira no discurso Norte-Americano: contradições e ambiguidades. In: BARROS, L.;

LUDWIG, F. *(Re)Definições das Fronteiras: os desafios para o século XXI*. Foz do Iguaçu: IDESF, 2019, p. 147-162.

CASTRO, A. V.; BUESA, M.; BAUMERT, T. *The Economics of Terrorism: An Overview of Theory and Applied Studies*. New York [s.n.]: Edwar Elgar, 2009.

CEPIK, M.; BORBA, P. Crime organizado, estado e segurança internacional. *Contexto Internacional,* São Paulo, 33, n. 2, jul./dez. 2011, p. 376-405.

CHANDA, N. *Sem Fronteira*. Rio de Janeiro: Record, 2011.

CHOMSKY, N. *Rogue States: The Rule of Force in World Affair*. London: South End Press, 2016.

DURMAZ, H. *International Police Cooperation as a Response to Transnational Organized Crime in Europe, Improvements in Extradition*. Thesis Master. Texas: University of North Texas, 2005.

FERREIRA, M. A. S. V. Terrorismo: debate em torno da presença do Hezbollah na Tríplice Fronteira. In: MEDINA, C. *Fronteiras latino-americanas: geopolítica do século XXI*. São Paulo: Fundação Memorial da América Latina, 2012, p. 41-64.

FERREIRA, M. A. S. V. A. Tríplice Fronteira entre Argentina, Brasil e Paraguai no debate sobre áreas subgovernadas e safe havens terroristas. In: AYERBE, L. F. *Territorialidades, conflitos e desafios à soberania estatal na América Latina*. São Paulo: Fundação Memorial da América Latina, 2012, p. 111-132.

FUKUYAMA, F. *O fim da História e o último homem*. Rio de Janeiro: Rocco, 1992.

GOMES, R. C. *O crime organizado na visão da Convenção de Palermo*. Belo Horizonte: Del Rey, 2008.

HALLIDAY, Fred. *The Iranian Revolution and Its Implications*. London, [s. n], 1987.

HELMER, D. O Emprego de Terroristas Suicidas pelo Hezbollah durante a Década de 80: Desenvolvimento Tecnológico, Político e Operacional de uma Nova Tática. *Military Review*, 2006, p. 61-73.

HOBSBAWM, E. *A Era dos Extremos: o breve século XX*. São Paulo: Companhia das Letras, 1995.

HOBSBAWM, E. *Globalização, Democracia e Terrorismo.* São Paulo: Companhia das Letras, 2007.

HUNTINGTON, S. *O Choque de Civilizações e a Recomposição da Ordem Mundial.* Rio de Janeiro: Objetiva, 1997.

JALAL, A. *Combatentes de Alá: a Jihad no Sul da Ásia.* São Paulo: Larousse, 2009.

KACOWICZ, A. M. Regional peace and unintended consequences: The Peculiar Case of the Tri-Border Area of Argentina, Brazil, and Paraguay. In: JASKOSKI, M.; SOTOMAYOR, A.; TRIKUNAS, H. *American Crossings: Border Politics in the Western Hemisphere.* Baltimore: Johns Hopkins University Press, 2015, p. 89-108.

KARAM, J. T. Atravessando as Américas: a "Guerra ao terror", os árabes e as mobilizações transfronteiriças em Foz do Iguaçu e Cidad del Este. In: MACAGNO, L. M. S. B. V. G. *A Tríplice Fronteira: Espaços Nacionais e Dinâmicas Locais.* Curitiba: UFPR, 2011, p. 203-232.

KARAM, J. T. The Lebanese Diaspora at the Tri-Border and The Redrawing of South American Geopolitics, 1950-1992. *Mashriq & Mahjar*, North Carolina, 1, n. 1, 2013.

KHANNA, P. *Como Governar o Mundo: os Caminhos para o Novo Renascimento*. Rio de Janeiro: Intrinseca, 2011.

KISSINGER, H. *A ordem mundial.* Rio de Janeiro: Objetiva, 2015.

LEE, R. The Triborder-terrorism nexus. *Global Crime*, London, 9, n. 4, 2008, p. 332-347.

LEWIS, B. *A Crise do Islã: Guerra Santa e Terror Profano*. Rio de Janeiro: Jorge Zahar Editor, 2004.

LOWE, N. *História do mundo contemporâneo.* Porto Alegre: Penso, 2011.

MAZLOUM, A. *Muhammad, o Último Mensageiro dos Mensageiros. Milagre, Profecia & Revelação. Evidências da Profecia III.* São Paulo: ALL Print, 2017.

MEYER, T. El fundamentalismo en la República Federal de Alemania. *Debats*, 32, 1990, p. 79-88.

NASSER, S. A Fronteira e o não lugar do terrorismo. In: SCHERER, L. M.; GOULART, F. H. L.; VELOSO, P. A. F. (orgs). *Brasil-Líbano: Legado e Futuro.* Brasília: FUNAG, 2017, p. 121-145.

PANASIEWICZ, R. *Fundamentalismo Religioso: história e presença no cristianismo*. Belo Horizonte: Associação Brasileira de História das Religiões, 2008.

PECEQUILO, C. S. *Manual do candidato: Política Internacional.* Brasília: FUNAG, 2009.

RABOSSI, F. Árabes e muçulmanos em Foz do Iguaçu e Ciudad del Este: notas para uma reinterpretação. Santa Maria. 2007. In: SEYFERTH, G. et al. *Mundos em movimento: ensaios sobre migrações.* Santa Maria: EDUFSM, 2007, p. 287-312.

SANTANA, M. V. *O fenômeno do crime organizado: uma ameaça à segurança nacional.* Rio de Janeiro: Escola de Comando e Estado-Maior do Exército, 2012.

SANTOS, B. D. S. Os processos da globalização. In: SANTOS, B. D. S. *A globalização e as Ciências Sociais.* São Paulo: Cortez, 2011, p. 25-102.

SCOTT, R. P. Fundamentalismo ateu contra fundamentalismo religioso. *Horizonte*, 8, n. 18, Jul/set 2010, p. 9-26.

SEN, A. Juicios sobre la golbalización. *Fractal*, 22, n. 6, 2001, p. 37-50.

SILVA, M. A. D.; COSTA, A. B. D. A Tríplice Fronteira e a aprendizagem do contrabando: da "era dos comboios" à "era do crime organizado". In: BARROS, L.; LUDWIG, F. *(Re)Definições de fronteiras: velhos e novos paradigmas.* Foz do Iguaçu: IDESF, 2018.

SILVA, M. A.; DOLZAN, R. R.; COSTA, A. B. O custo triangular: reexportação e descaminho nas relações Brasil-Paraguai. In: BARROS, L.; LUDWIG, F. *(Re)Definições das Fronteiras: os desafios para o século XXI.* Foz do Iguaçu: IDESF, 2019, p. 49-64.

TULCHIN, J. S. *América Latina x Estados Unidos: uma relação turbulenta*. São Paulo: Contexto, 2016.

VILLA, R. D. FOLs: as novas formas da operacionalização da presença militar estadunidense na América do Sul. *Carta Internacional,* São Paulo, 8, n. 1, jan-jun 2013, p. 75-90.

VILLA, R. D. O Paradoxo da Macrossecuritização: Quando a Guerra ao Terror não Securitiza Outras "Guerras" na América do Sul. *Contexto Internacional,* Rio de Janeiro, 36, n. 2, jul./dez. 2014, p. 349-383.

VILLA, R. D. Modernização Armamentista na América do Sul: Pressões Empíricas e Teóricas sobre as Visões Dualistas de Segurança Regional. *Austral,* Porto Alegre, 7, n. 14, 2018, p. 138-163.

VISENTINI, P. G. F. *Da guerra fria à crise (1945-1990): as relações internacionais contemporâneas.* Porto Alegre: UFRGS, 1996.

WERNER, G. C. O. *Crime organizado transnacional e as redes criminosas: presença e influência nas Relações Internacionais Contemporâneas*. São Paulo: USP, 2009.

5.

Contestando a Guerra ao Terror: as respostas brasileiras às suspeitas de terrorismo[1]

Isabelle Christine Somma de Castro

A segurança na Tríplice Fronteira entre Argentina, Brasil e Paraguai vem sendo discutida em âmbito internacional desde meados da década de 1990, quando o governo e a Justiça argentinos passaram a acusar membros da comunidade árabe da região de participação nos atentados à Embaixada israelense e a um centro judaico em Buenos Aires, em 1992 e 1994. As acusações, nunca comprovadas, trouxeram uma aura de suspeição, especialmente para as cidades de Foz do Iguaçu e Ciudad del Este. A partir dos atentados de 11 de setembro de 2001, a região foi elevada a um novo patamar, passando a ser considerada pelos Estados Unidos como um "espaço de convergência de novas ameaças", onde o terrorismo poderia florescer (AMARAL, 2010, p. 252).

Se, por um lado, esse macrocenário de acusações e suspeitas tem sido objeto de estudos acadêmicos, por outro propomos dar atenção à contestação brasileira diante das acusações relacionadas a uma suposta existência de atividades terroristas na região e das reiteradas sugestões para uma maior securitização da Tríplice Fronteira durante as administrações dos presidentes Fernando Henrique Cardoso (1995-2002) e de Luiz Inácio Lula da Silva (2003-2010). O recorte cronológico se dá especificamente com o objetivo de captar as reações pós-atentados de 11 de setembro de

1 Este estudo foi financiado pela Fapesp. Processos número 2016/12824-6 e 2018/06825-5.

2001, abarcando o conturbado período que se seguiu, em especial durante os primeiros anos da chamada Guerra ao Terror, que abrange a invasão norte-americana do Iraque em 2003 e seus desdobramentos. A análise tem como base uma leitura hermenêutica de telegramas secretos e documentos diplomáticos recentemente desclassificados relatando as posições brasileiras, que foram disponibilizados pelo site *Wikileaks* e por meio da Lei de Acesso à Informação pelo Ministério das Relações Exteriores, respectivamente. Também recorremos a entrevistas, além de reportagens de jornais a fim de traçar um retrato mais fiel aos fatos.

Através de uma comparação entre as duas administrações brasileiras, é possível trazer mais luzes sobre o tratamento que esse tema sensível recebeu do Estado brasileiro, ressaltando sutilezas que podem passar despercebidas em trabalhos acadêmicos mais amplos. Este estudo de caso pode ser mais eficaz para medir a intensidade de influências como as mudanças na conjuntura global e dos cenários políticos locais, por exemplo, nas reações governamentais em relação à Tríplice Fronteira. A análise também traz elementos que podem responder com mais rigor se houve diferenças nas abordagens das duas administrações e, em caso positivo, quais teriam sido elas.

Este capítulo se divide em três partes. A primeira delas traz um panorama das repostas do breve, mas delicado período em que Fernando Henrique Cardoso esteve à frente do governo brasileiro logo após os atentados de 11 de setembro de 2001, que coincidiu com a administração de George W. Bush na Casa Branca. Na parte seguinte, será abordado o período de Luiz Inácio Lula da Silva à frente do governo brasileiro, que teve como homólogo na presidência dos Estados Unidos, além de Bush, entre 2003 e 2008, Barack H. Obama, de 2009 a 2010. Na última parte, apresentaremos um balanço comparativo entre as duas administrações brasileiras em relação ao tema, trazendo as considerações finais.

Primeiras repostas pós-11 de setembro

As relações bilaterais entre Brasil e Estados Unidos sob o governo Fernando Henrique Cardoso vinham sendo pautadas, em geral, por uma sóbria "convergência crítica" (LAMPREIA *apud* VIGEVANI *et al.*, 2003, p. 43), um eufemismo para admitir a existência de uma aproximação não automática, mas que também dava espaço para uma exposição clara da perspectiva brasileira. Cardoso teria substituído uma agenda de política externa tradicionalmente reativa, regida por uma lógica de "autonomia pela distância" durante grande parte do período de Guerra Fria, por uma dinâmica mais proativa em relação aos governos anteriores. A nova linha seguida foi denominada de "autonomia por participação",[2] representada por um maior engajamento do Brasil em mecanismos multilaterais internacionais (VIGEVANI e CEPALUNI, 2016, p. 69).

Os atentados de 11 de setembro de 2001 fizeram com que o governo brasileiro, assim como grande parte da comunidade internacional, demonstrasse de imediato sua solidariedade inequívoca ao governo da maior potência do planeta. Mas, pelo menos no caso brasileiro, esta demonstração não se traduziu em um alinhamento automático à chamada Guerra ao Terror. Seguindo

---

2 Há um debate em torno da adequação do uso do termo "autonomia" para caracterizar a política externa do governo Cardoso. Ele deveria ser utilizado quando há uma "combinação de oportunidades sistêmicas e [as] ações de agentes que desejem alterar os termos da inserção do país dentro da ordem internacional". E isso teria ocorrido somente em quatro momentos da história contemporânea brasileira sob a presidência de Vargas, Jânio-Jango, Geisel e Lula (PINHEIRO e LIMA, 2018).

as linhas gerais de sua política externa, o governo Cardoso condicionaria o apoio brasileiro às decisões dos fóruns multilaterais. E também se mostraria mais crítico do que o habitual quando o assunto resvalasse para questões relativas à fronteira entre Brasil, Argentina e Paraguai.

Logo após o anúncio de que as explosões ocorridas em Nova York, no Pentágono e na Virgínia foram causadas por aviões comerciais sequestrados, o Ministério das Relações Exteriores (Itamaraty) emitiu uma nota em que expressava "repúdio e condenação aos horríveis ataques terroristas" (BRASIL, 2001a). Os esforços diplomáticos para uma aproximação solidária se estenderam a um telefonema, no dia 18 de setembro de 2001, no qual Cardoso demonstrou pesar ao presidente norte-americano. Segundo relata o telegrama do Itamaraty, disse ainda "que a população e o governo brasileiros mantinham-se em total solidariedade com o povo norte-americano". Bush agradeceu e admitiu que estava preocupado com um novo ataque (BRASIL, 2001b).

Durante a conversa, Cardoso elogiou o então presidente norte-americano por ter visitado uma mesquita em Washington no dia anterior, adentrando assim na seara que relaciona os atentados a militantes muçulmanos. Bush teria dito, segundo relata o informe do Itamaraty, que "um árabe que existe no país é tão americano quanto eu". A frase foi a deixa para o presidente brasileiro inserir, com cautela, a informação de que a comunidade árabe no Brasil era extensa e que seus membros "estão integrados à sociedade brasileira, e até agora não temos comprovação de presença de terroristas no Brasil" (BRASIL, 2001b).

Apesar da retórica bastante conciliadora ter sido usada por ambos os presidentes, o Itamaraty já tentava antecipar os próximos passos do governo dos Estados Unidos em relação à comunidade árabe/muçulmana brasileira. O uso da expressão "não temos comprovação de presença de terroristas no Brasil" demonstra como o governo estava atento ao tema. Outra evidência disso se observa na ação de diplomatas brasileiros, que se anteciparam ao buscar mais esclarecimentos. O embaixador do país em Washington, Rubens Barbosa, abordou um colega norte-americano[3] quinze dias depois dos atentados a fim de questionar especificamente sobre a possibilidade de haver alguma informação relativa à Tríplice Fronteira e ao Chuí, município localizado no Estado do Rio Grande do Sul, na divisa com o Uruguai. Ambas as regiões têm em comum um grande contingente de imigrantes árabes e muçulmanos. O questionamento, portanto, se refere somente às áreas de fronteira, deixando de fora outras localidades do país que têm grandes concentrações da mesma comunidade, como São Paulo e Curitiba. Em telegrama ao qual descreve sua abordagem, Barbosa revela que o interlocutor "disse 'não haver nada' no Pentágono que despertasse preocupação para as autoridades norte-americanas naquelas áreas do sul do Brasil" (BRASIL, 2001c).

Depois de receber a negativa norte-americana sobre uma suposta existência de células terroristas na Tríplice Fronteira e no Chuí, e de obter mais esclarecimentos sobre as ligações entre a Al Qaeda e os perpetradores dos atentados, o Itamaraty passou a enfatizar o discurso estabelecido havia vários anos. Tal discurso tratava de ressaltar a falta de provas sobre a existência de operadores de terrorismo no Brasil. O foco na ausência de evidências que implicassem a comunidade árabe/muçulmana da Tríplice Fron-

---

3 Não foi possível identificar o interlocutor, pois o nome está encoberto com tinta preta, por motivo de preservação da identidade prevista na Lei de Acesso à Informação.

teira vinha sendo colocado em prática desde meados da década de 1990. Naquela época, após os dois atentados a bomba contra alvos judaicos em Buenos Aires (1992 e 1994), o governo argentino levantou a suspeita de que moradores de Foz do Iguaçu estariam envolvidos. Os ataques mataram 115 pessoas e feriram outras centenas. As acusações nunca foram comprovadas, mas a suspeita sobre a região é frequentemente levantada por reportagens, principalmente, da imprensa argentina e relatórios do governo e de *think-tanks* conservadores dos Estados Unidos.

Uma das reportagens que mais chamaram a atenção no período logo após 11 de setembro de 2001 foi sobre as suspeitas que recaíam sobre a Tríplice Fronteira, publicada no prestigioso *The New York Times* em 27 de setembro de 2001. Com o título de "Terroristas são procurados em refúgio latino de contrabandistas",[4] a reportagem revelava a presença de 40 agentes do *Federal Bureau of Investigation* (FBI) e policiais de outros três países, que não são especificados no texto, em Ciudad del Este. O objetivo da operação seria procurar "terroristas islâmicos" (ROHTER, 2001, p. A3). A reportagem foi publicada um dia após o embaixador Barbosa ouvir do representante dos Estados Unidos que "não havia nada" na região. Esta e outras reportagens que se seguiram fizeram parte de um movimento de securitização, com o objetivo mais imediato de demonstrar, segundo Arthur Amaral (2010, p. 171), a existência de uma ameaça terrorista na região "através da produção política da Tríplice Fronteira como um espaço pretensamente sem lei onde variados agentes vinculados ao terrorismo internacional encontrariam refúgio e/ou apoio financeiro".

4 Tradução da autora. Texto original: "Terrorists are sought in Latin Smugglers' Haven".

E não foram somente os meios de comunicação dos Estados Unidos que trataram do assunto com ênfase na suposta existência de terroristas na região. Jornais do Paraguai também publicaram reportagens a respeito do assunto. Em circular telegráfica datada de 30 de outubro de 2001, o embaixador brasileiro em Asunción, Luiz Augusto de Castro Neves, relata que logo após os ataques em Nova York a imprensa paraguaia publicou reportagens que procuravam relacionar os imigrantes árabes residentes em Foz do Iguaçu e em Ciudad del Este "a grupos terroristas atuantes no Oriente Médio, qualificando mesmo aquela região como um verdadeiro 'ninho de terroristas'". Neves afirma ainda que os "meios de comunicação locais expõem mazelas paraguaias e as generaliza de forma a conectá-las ao terrorismo internacional". Um dos artigos citados no relatório, do jornal *La Nación*, declara que o governo norte-americano "teria encontrado evidência da presença de membros de Al Qaeda e de células fundamentalistas islâmicas na fronteira de Brasil, Paraguai e Argentina" (BRASIL, 2001d).

Tais informações publicadas na imprensa paraguaia mais uma vez não condiziam com o que havia sido informado ao embaixador Rubens Barbosa. Eram novas conjecturas que se somavam a uma série de informações contraditórias que surgiam naquele momento. No Brasil, o Encarregado de Negócios da Embaixada dos Estados Unidos, Cristóbal Orozco,[5] e dois outros representantes que o acompanhavam trouxeram mais informes sobre o assunto em encontro realizado no dia 5 de novembro de 2001 com representantes do Itamaraty em Brasília. Eram novas suposições, desta vez sobre grupos que não demonstravam ter

5 A futura embaixadora dos Estados Unidos no Brasil, Donna Hrinak, se encontrava em Washington para ser sabatinada pelo congresso e por isso não participou dessa reunião (BRASIL, 2001e).

qualquer ligação com os atentados. Entre elas estavam relatos de que quatro moradores da região teriam sido treinados pelo Hamas e pelo Gamaa Islamiya, e que membros da comunidade teriam enviado remessas de dinheiro ao Hezbollah – grupos que não tinham relação com a Al Qaeda. Ainda segundo o telegrama, essas informações, que eram de conhecimento da Agência Brasileira de Inteligência (Abin), se mostravam extremamente frágeis, pois não se tratavam de "fatos que pudessem ser usados em juízo, ou seja, não poderiam ser totalmente provados" (BRASIL, 2001e). Orozco também teria acrescentado que não havia evidências de vínculos entre a região e os atentados em Buenos Aires na década de 1990. O que existia era apenas uma conjectura: a de que os explosivos utilizados naquelas ações poderiam ter transitado pelo Brasil. Desta forma, o representante brasileiro do Itamaraty concluiu em sua análise que as informações fornecidas pelo representante norte-americano eram "pouco reveladoras" (BRASIL, 2001e).

Da mesma forma, o governo brasileiro realmente se mostrava preocupado e comprometido em colaborar com as autoridades americanas. Um forte indício disso foi a visita de Fernando Henrique Cardoso a Bush em 8 de novembro de 2001. Segundo comunicado de imprensa da Casa Branca, o encontro era uma "importante oportunidade para os dois líderes discutirem a campanha antiterrorismo, questões de segurança regional, cooperação econômica e outros interesses comuns" (ESTADOS UNIDOS, 2001).[6] O presidente brasileiro foi a Washington acompanhado, entre outros, pelo general Alberto Cardoso, Ministro-Chefe do Gabinete de Segurança Institucio-

---

6 Tradução da autora. Texto original: "...important opportunity for the two leaders to discuss the anti-terrorism campaign, regional security matters, economic cooperation, and other common interests."

nal da Presidência da República. O general, que também era responsável pela Abin, visitou no mesmo dia a sede da Central Intelligence Agency (CIA).

No resumo descritivo do encontro,[7] revela-se o objetivo da visita do ministro: o "principal tema é a situação na fronteira tríplice". Alberto Cardoso, a autoridade brasileira mais qualificada para discutir informações sigilosas sobre a atuação de grupos suspeitos no Brasil, também teria ido aos Estados Unidos para conferir mais credibilidade aos argumentos do Itamaraty, negando a existência de campos de treinamento e atividades relacionadas após anos de "operações de inteligência" na região. "Hoje, pode-se afirmar que não há indício de base de apoio ou campos de treinamento de terroristas na região, embora seja provável que algum dinheiro que saia de lá seja destinado a organizações terroristas". De acordo com o relato do telegrama do Itamaraty, o general informou às autoridades norte-americanas que moradores da região podiam estar enviando remessas a grupos terroristas, mas que o Brasil vinha atacando o problema como podia, com a tipificação do crime de lavagem de dinheiro, por meio de lei aprovada em 1998. "É fácil rastrear o dinheiro dentro do Brasil e sua saída, mas não o destino final, já que nossos serviços de inteligência não têm alcance global", teria dito o general aos interlocutores da CIA (BRASIL, 2001f).

O general teria declarado na reunião que, "quanto mais o Brasil aperfeiçoa seu sistema de controle, mais os contraventores buscam retirar o dinheiro a partir dos outros dois países que compartilham a fronteira tríplice", ou seja, esse teria de ser um esfor-

---

7 O encontro envolveu um grau tão alto de sensibilidade que o representante do Itamaraty que acompanhava o general, José Antonio de Macedo Soares, não teve sua entrada permitida na CIA, mesmo tendo submetido seu nome previamente à segurança (BRASIL, 2001f).

ço também a ser exigido do Paraguai e da Argentina (BRASIL, 2001f). De qualquer forma, os três países que dividiam a fronteira vinham atuando em conjunto na região desde 1996, através do Comando Tripartite. O organismo tinha como objetivos realizar cooperação no setor de segurança pública com especial atenção no intercâmbio de informações especialmente entre as forças policiais de Puerto Iguazú, Foz do Iguaçu e Ciudad del Este, cidades-sede da organização (BORDIGNON, 2017, p. 83).

Ainda com base no relato do encontro entre o ministro e as autoridades do Pentágono, o governo brasileiro solicitou o envio de qualquer informação disponível a Orozco, "sobre dinheiro originário do Brasil e destinado a ações terroristas". Ao final da reunião, surgiu uma proposta de colaboração conjunta no setor que se concluiu ser o mais sensível: o de lavagem de dinheiro. O Brasil se tornaria responsável por fornecer informações sobre a saída de valores do país e a CIA pelo recolhimento de informações sobre seu destino. O telegrama não deixa claro quais grupos, países ou cidadãos seriam os alvos das operações (BRASIL, 2001f). Ou seja, mais uma vez o governo brasileiro pedia informações que dessem alguma credibilidade às suspeitas levantadas pela imprensa sobre a presença de atividade de terroristas no Brasil e abria as portas para maior troca de informações e para cooperação com os Estados Unidos.

A posição brasileira sobre o tema contrastava com a do governo argentino. Como informa o telegrama anteriormente mencionado sobre o encontro entre Orozco e o Secretário-Geral do Itamaraty, Luiz Felipe de Seixas Corrêa, os argentinos endureceram as acusações contra as comunidades árabes de Foz do Iguaçu e Ciudad del Este por suposto envolvimento com terrorismo em provável tentativa de tirar o foco da participação de argentinos nos atentados. A insistência nesse discurso pode ser verificada novamente, desta vez pelo embaixador brasileiro em Washington, Rubens Barbosa, em encontro com Gerard Gallucci, chefe do Escritório para Assuntos de Brasil e Cone Sul do Departamento de Estado norte-americano. A reunião, realizada em 17 de novembro de 2001, tinha como tema específico discutir questões de segurança relacionadas a Tríplice Fronteira (BRASIL, 2001g).

Gallucci informou ao embaixador Barbosa que estava preocupado com as remessas de dinheiro da Tríplice Fronteira para os grupos Hezbollah e Hamas. Apesar de concordar sobre a ausência de provas concretas que sustentassem a acusação, Gallucci afirmou no encontro que "seria muito difícil dizer que os argentinos estão equivocados" em relação a uma conexão entre a Tríplice Fronteira e os dois atentados em Buenos Aires nos anos 1990. Além disso, o representante americano ainda fez um exercício de futurologia, ao afirmar que membros da comunidade poderiam vir a contribuir com os grupos (BRASIL, 2001g).

> [Gallucci] atribuiu as notas na imprensa a "sloppy reports and people talking loosely" [informes desleixados e pessoas falando de forma incontida], mas tornou a mencionar a "visão distinta" da Argentina sobre a situação e insistiu que "análise prudente indica que há pessoas na região que, se chamadas, contribuiriam para a realização de atos terroristas; não temos provas, mas sabemos que é possível e pode já ter ocorrido".

A falta de informações corroboradas sobre o tema pode ter levado o presidente Fernando Henrique Cardoso a se mostrar mais contundente em sua defesa da ideia de que a não havia indícios de atividade terrorista no Brasil. Em entrevista ao serviço em espanhol da rede de TV CNN, em 27 de setembro de 2001,

Cardoso afirmou que "a inteligência brasileira nunca detectou nada concreto a respeito". Admitiu, contudo, que havia "alguma informação do lado paraguaio sobre pessoas ligadas a um grupo terrorista", mas não especificou qual (FRANCE PRESSE, 2001). Em outra entrevista à imprensa, em novembro, o presidente brasileiro, que em breve encerraria seu último ano de mandato, foi ainda mais incisivo. Invocou a responsabilidade de outros países em relação ao problema de lavagem de dinheiro e remessas de valores para grupos suspeitos, mencionando especialmente a falta de controle em paraísos fiscais e em capitais financeiras mundiais, como Londres. "Acho que chegou o momento de os países mais ricos acabarem com isso, porque, enquanto houver paraíso fiscal existirá lavagem de dinheiro do narcotráfico e financiamento do terrorismo", afirmou Cardoso (SILVEIRA, 2001).

Continuidades e novas ênfases

Luiz Inácio Lula da Silva assumiu a presidência do Brasil em 2003 prometendo mudanças em vários setores, dentre eles a política externa. Isso não significou, contudo, uma ruptura em relação às orientações anteriores. Ao contrário, "algumas das [novas] diretrizes foram desdobramentos e reforços de ações já em curso na administração Fernando Henrique Cardoso" (VIGEVANI e CEPALUNI, 2016, p. 100). O mesmo pode ser observado em relação ao discurso do novo governo em relação à Tríplice Fronteira, que continuou a rechaçar as acusações em torno da suposta ligação da região com atividades terroristas.

Ao mesmo tempo em que houve uma afinidade entre as duas administrações, é importante lembrar que a própria natureza do Itamaraty favorece a continuidade das políticas estabelecidas. Por ser uma instituição hierarquizada, com um grande contingente de funcionários treinados e concursados, onde as decisões são bastante discutidas antes de serem tomadas, as descontinuidades são pouco comuns. Nesse sentido, "num governo novo podem ocorrer ajustes e não mudanças radicais" na política externa (DIPLOMATA, 2019). Além disso, de acordo com o diplomata entrevistado, há uma "memória" dentro da instituição, o que torna as diretivas anteriores uma importante base comum para as posteriores. Dentro desse continuísmo na política externa recente, são as ênfases que podem denotar alguma diferença. Por isso, alguns elementos parecem ter se destacado na administração Lula, que viria a assumir a presidência em 2003. O novo governo se mostrou mais assertivo na defesa da Tríplice Fronteira, ao mesmo tempo em que buscou dar predominância a sua própria narrativa sobre a região.

O cenário político externo se mostraria mais propício para essa assertividade. Naquele período, atores e poderes se encontravam em efervescência: a ordem internacional via nações emergentes passarem a medir forças com as potências ocidentais (CERVO e BUENO, 2008, p. 492). A ascensão chinesa e dos demais integrantes dos BRICS, o grupo recém-formado por Brasil, Rússia, Índia, China e África do Sul, dava margem a uma nova perspectiva nas relações internacionais. A busca por um novo paradigma pelo governo Lula e a ascensão de um cenário favorável para as economias emergentes impulsionou uma política externa cujas linhas gerais buscavam "autonomia pela diversificação". Entre suas principais normas estavam um "posicionamento assertivo em torno da defesa da soberania e dos interesses nacionais, buscando alianças privilegiadas no Sul" (VIGEVANI e CEPALUNI, 2016, p. 108).

Ao mesmo tempo, a opinião pública internacional começou a demonstrar uma reação negativa diante das políticas implantadas pelos Estados Unidos, em favor da Guerra ao Terror. O apoio inicial a ela foi se desgastando, em especial após a invasão do Iraque e do Afeganistão. Aproveitando-se desses cenários, o governo do Brasil encontrou mais espaço para poder criticar a guerra no Iraque, por exemplo, além de vincular a ideia de que a obtenção de segurança passava necessariamente pelo auxílio ao desenvolvimento econômico e ao combate à fome. Em meados de 2005, a própria administração Bush mudaria o norte bélico dos primeiros anos pós 11 de setembro de 2001 para uma linha em que predominava a ideia de que o país buscava a promoção da democracia, especialmente no Oriente Médio (SANGER, 2003).

Nesse contexto, Lula encontraria, ao longo de sua presidência, uma conjuntura internacional mais favorável para uma política externa mais assertiva em relação aos Estados Unidos. Ao mesmo tempo, no plano interno, as mudanças também seriam favoráveis para essa guinada. Houve crescimento econômico, o que se mostrou um pilar importante para uma maior inserção do Brasil em assuntos relativos ao cenário geopolítico da época. Mas também é importante frisar que, além disso, houve vontade política para aumentar a inserção brasileira não apenas nos fóruns internacionais, mas também como um ator emergente. A nova política externa, chamada de "ativa e altiva" por Celso Amorim, chanceler brasileiro entre 2003 e 2010, buscou dar ao Brasil um papel de maior protagonismo diplomático.

Depois de um período inicial de distância, o relacionamento de Lula com o presidente George W. Bush foi caracterizado "por relativa distensão". Claramente havia entre ambos temas em que não havia consenso, mas isso não se tornou uma barreira para o entendimento em outras áreas (PINHEIRO, LIMA e HIRST, 2010, p. 36). Apesar de sustentar uma atitude crítica em relação à ideia de Guerra ao Terror, o governo brasileiro manteve a postura de colaboração com as autoridades da administração norte-americana, especialmente no sentido de adotar novas medidas nos setores de inteligência e segurança na região. Lula chegou a ser chamado de "o cara", por Obama, mas a relação com o governo Bush foi ainda mais "franca", segundo Celso Amorim. "O Bush e os republicanos têm uma visão mais realista, eles compreendem melhor a importância do Brasil", afirmou o chanceler em entrevista (MELLO, 2015).

Em relação à Tríplice Fronteira, a nova administração brasileira manteria o mesmo discurso do governo anterior. Segundo relata telegrama escrito por Phil Chicola, encarregado de Negócios da Embaixada dos Estados Unidos em Brasília, em dezembro de 2005, o alto escalão do governo Lula "não reconhece a presença de grupos terroristas em solo brasileiro" e insiste em afirmar que "nenhuma ocorrência terrorista identificável ocorreu no país".[8] O próprio Chicola sugere boas razões para o governo brasileiro manter tal posição. Segundo ele, durante o encontro do Grupo 3+1 realizado naquele mês, do qual os Estados Unidos faziam parte, os participantes concluíram que, "de acordo com informações disponíveis, nenhuma operação terrorista foi detectada na Tríplice Fronteira" (ESTADOS UNIDOS, 2005b).[9]

O Brasil se manteve atuante no Grupo 3+1 sobre Segurança na Área da Tríplice Fronteira. O grupo, que existia desde 1998, passou a incluir os Estados Unidos em 2002 (ESTADOS UNIDOS, 2005b). O convite foi uma forma encontrada por Brasil, Argentina e Paraguai para apaziguar as pressões norte-ameri-

---

8 Tradução da autora. Texto original: "does not acknowledge the presence of terrorist groups on Brazilian soil" e "no identifiable terrorist incidents have occurred in the country".

9 Tradução da autora. Texto original: "according to available information, no operational acts of terrorism have been detected in the Tri-Border Area".

canas logo após os atentados de 11 de setembro de 2001. Além dos efeitos práticos, as reuniões do 3+1 tinham também o importante papel de demonstrar a coesão dos quatro países, pelo menos em relação ao discurso para consumo externo na questão da segurança da região.

O embaixador brasileiro em Asunción, Luiz Augusto de Castro Neves, oferece um exemplo dos propósitos do grupo. Segundo relatado por ele em telegrama enviado a Brasília (BRASIL, 2003), as declarações conjuntas dos participantes da reunião do grupo em 17 de dezembro de 2002 teriam sido importantes para a imprensa internacional dedicar menos atenção à Tríplice Fronteira. No mesmo telegrama, o embaixador no Paraguai demonstra o interesse brasileiro em dar mais ênfase à regionalização da busca por mecanismos de cooperação na área de segurança, ao mesmo tempo em que prefere tirar o foco da ideia de que há atividade terrorista na região. "A recente reunião 3+1 das Unidades de Inteligência Financeira, em Brasília, confirma a percepção brasileira de que a prevenção do terrorismo deve assumir um caráter mais regional, e menos focalizado naquela região" (BRASIL, 2003).

Apesar da busca por maior protagonismo e regionalização da questão de segurança, a posição do governo Lula em relação à Tríplice Fronteira se mostraria muito semelhante à de Cardoso. O cenário em que isso se observa se mostrava menos tenso – apesar de a invasão norte-americana no Iraque trazer nova instabilidade. Em telegrama datado de 10 de março de 2004, a embaixadora dos EUA em Brasília, Donna Hrinak, fez uma descrição de seu encontro com Jorge Armando Felix, ministro do Gabinete de Segurança Institucional entre 2003 e 2010, que demonstra essa semelhança. Felix teria relatado a ela que as diferenças de postura do governo brasileiro se deram devido aos acontecimentos de 11 de setembro de 2001 e não exatamente por diferenças de administrações. Antes dos atentados, o governo rotineiramente negava a existência de atividades terroristas no Brasil; depois, a posição seria mais cautelosa (ESTADOS UNIDOS, 2004):

> Agora, ele [Felix] disse que a posição do governo do Brasil é de que até o momento "não encontrou evidências" de atividades terroristas operacionais no Brasil. Ele claramente deu ênfase ao conceito de "evidência" – como sendo opostamente diferente de dizer que tal atividade não existe – pedindo ao seu intérprete para repetir essa frase com ênfase para os interlocutores do governo dos Estados Unidos. O potencial para o aumento de atividade terrorista no Brasil "necessita de observação atenta", Felix acrescentou.[10]

A busca pelo protagonismo nas decisões sobre segurança na região também passava pela necessidade de dar ênfase à própria narrativa segundo a qual o governo brasileiro não tinha indicações de operações terroristas no lado brasileiro. Felix se mostrou bastante cuidadoso diante da embaixadora norte-americana. Mas, segundo relato de Pedro Abramovay (2018), que foi Secretário de Assuntos Legislativos (2007-2010) do Ministério da Justiça e Secretário Nacional de Justiça do Governo Federal (2011), era uma diretriz do governo negar a existência de terrorismo no Brasil, exatamente por não haver provas que comprovassem sua

10 Tradução da autora. Texto original: "Now, he said the GOB's position is that it has so far 'found no evidence' of operational terrorist activities in Brazil. He clearly stressed the concept of 'evidence' – as opposed to saying no such activity exists – asking his interpreter to repeat this phrase with emphasis to the USG interlocutors. The potential for increased terrorist activity in Brazil 'bears watching', Felix added".

existência. Tais negativas também são relatadas em telegrama da Embaixada dos Estados Unidos, que comenta ainda sobre a certa ironia dos interlocutores brasileiros: "(...) oficiais brasileiros rejeitam qualquer sugestão feita por oficiais americanos de que há atividade terrorista na TF. Uma resposta brasileira frequente aos comentários sobre a TF é: 'Qual delas? Nós temos nove fronteiras tríplices'" (ESTADOS UNIDOS, 2009).[11]

A diferença entre a posição do general Felix, mais cautelosa, e das demais autoridades do alto escalão do governo brasileiro, mais assertiva, poderia ser um reflexo de uma divisão dentro do próprio governo brasileiro. Segundo relatos encontrados em telegramas de 2009 da representação americana em Brasília, vazados pelo site Wikileaks, enquanto os órgãos operacionais partiam do princípio de que poderia haver alguma atividade relacionada ao terrorismo internacional no país, o alto escalão do governo negava a existência de qualquer comprovação de atividades terroristas. "Serviços de inteligência e órgãos de aplicação no Brasil estão corretamente preocupados que terroristas venham explorar o território brasileiro para apoiar e facilitar ataques terroristas, seja no país ou fora".[12] As regiões apontadas como foco da atenção desses agentes seriam São Paulo, a Tríplice Fronteira com o Paraguai e Argentina, a tríplice fronteira com o

11 Tradução da autora. Texto original: "(...) Brazilian officials rebuff any suggestion by U.S. officials that there is terrorist activity in the TBA. A frequent Brazilian retort to comments about the TBA is, 'Which one? We have nine tri-border areas.'"

12 Tradução da autora. Texto original: "(...) Brazil's intelligence and law enforcement services are rightly concerned that terrorists could exploit Brazilian territory to support and facilitate terrorist attacks, whether domestically or abroad".

Peru e a Colômbia e as fronteiras com a Colômbia e Venezuela (ESTADOS UNIDOS, 2009).

A diferença pode estar no *modus operandi*. A Polícia Federal (PF) segue um protocolo para tratar de casos de terrorismo, sendo que é necessário primeiro uma denúncia. Nos casos de terrorismo internacional, o órgão recebe uma notícia de crime de serviços secretos do exterior, e então realiza uma investigação no país. A polícia tem uma abordagem *target oriented*, ou seja, o procedimento padrão é investigar um alvo específico, de acordo com o Delegado de Polícia Federal, Adriano Mendes Barbosa (2018),[13] que trabalhou no Serviço Antiterrorismo (Santer), que passou a ser chamado de Divisão Antiterrorismo (DAT), entre 2004 e 2013. Portanto, a Polícia Federal do Brasil, em matéria de investigações de terrorismo, é alimentada com informações de órgãos policiais do exterior.

Mesmo que a polícia prendesse algum suspeito de praticar ato terrorista segundo informações de órgãos estrangeiros, até 2016 não havia no Brasil legislação específica para enquadrar o que era ato terrorista ou a pena para este ato. Foi o que ocorreu com o comerciante paraguaio-libanês Assad Ahmad Barakat, preso em Foz do Iguaçu pela Polícia Federal no ano de 2002, a pedido do Paraguai. Pesou sobre Barakat supostos vínculos com o terrorismo, mas a acusação pela qual foi preso no Brasil, extraditado e condenado no Paraguai se referia a um crime comum. O comerciante cumpriu pena no país vizinho por sonegação fiscal e associação criminosa, ainda que fosse acusado pelo governo dos Estados Unidos de ter uma função equivalente à de

13 Barbosa é Corregedor Regional de Polícia da Superintendência Regional da Polícia Federal, em São Paulo (SP). Ele concluiu um mestrado sobre terrorismo no Brasil em 2007 na Naval Postgraduate School em Monterey, na Califórnia, período em que se afastou de suas funções na corporação.

tesoureiro do Hezbollah. Barakat foi preso novamente no Brasil, em setembro de 2018, desta vez pelo crime de falsidade ideológica (CARAZZAI, 2018).[14]

O órgão que pode ter as informações mais substantivas sobre as supostas operações de grupos terroristas no país é a Agência Brasileira de Inteligência (Abin). De acordo com Barbosa (2018), "a Abin é muito fechada.[15] Não tem demanda [de monitorar a comunidade árabe na TF]. Não tem demanda. Só se eles têm e não falam pra gente [Polícia Federal]". Apesar de as negativas do alto escalão demonstrarem uma certa inflexibilidade do discurso brasileiro, na prática o governo Lula manteve a cooperação e promoveu uma série de mudanças em relação ao combate ao terrorismo. Dentre essas mudanças, está a transformação do setor de antiterrorismo em uma divisão da Polícia Federal, o que reverteu mais recursos e mais quadros efetivos para a área. A Abin também foi reformulada. Segundo e-mail da Embaixada dos Estados Unidos em Brasília, em 2009, as modificações promoveriam maior coordenação de informações de inteligência e teriam sido realizadas devido ao "reconhecimento do Brasil da potencial ameaça do terrorismo" (ESTADOS UNIDOS, 2009).[16]

Outras mudanças provocadas provavelmente por 11 de setembro se deram especificamente na região da Tríplice Fronteira. Uma delas foi a implantação da base náutica do Núcleo Especial

14 Ver, também, o Capítulo 2.

15 A autora solicitou, em agosto de 2018, através da Lei de Acesso à Informação, documentos listados no site da Abin como tendo sido desclassificados. Nenhum dos pedidos foi atendido, sob a justificativa de que eram informações sensíveis. Foram apresentados dois recursos, ambos também negados.

16 Tradução da autora. Texto original: "Brazil's recognition of the potential threat from terrorism".

de Polícia Marítima (Nepom) no lago de Itaipu em acordo assinado em 2002 entre a Polícia Federal e a usina (O ESTADO DO PARANÁ, 2002), ainda durante o governo Cardoso. As margens do lago se tornaram uma das principais rotas de contrabando e tráfico entre o Brasil e o Paraguai. Um dos motivos para esta característica é o fato de haver várias propriedades rurais e estradas de terra pouco vigiadas no entorno. De acordo com o Delegado-Chefe da Delegacia da Polícia Federal em Foz do Iguaçu até 2020, Mozart Person Fuchs (2018),

> em março de 2016, foi instalada uma base nova do Nepom no rio Paraná, nas proximidades da ponte da Amizade, divisa entre o Brasil e o Paraguai. Também passamos a contar com o reforço de outras forças policiais nas atividades de repressão, principalmente de grupos especializados da Polícia Militar e Polícia Civil. Esse aumento de efetivo obrigou os grupos criminosos a migrarem para outras regiões. Todavia, isso não significa necessariamente que o contrabando/descaminho diminuiu no Brasil, mas apenas que a entrada das mercadorias em território nacional passou a ser realizada por outras localidades.

Apesar de ter iniciado as operações no começo dos anos 2000, as forças de segurança brasileiras se mostraram mais ostensivas e efetivas na região a partir da segunda metade da década. A iniciativa mais impactante foi a Operação Comboio Nacional, em 2004, por meio da qual a Receita Federal, com o apoio de outros órgãos, como a Polícia Federal, Polícia Rodoviária e Ministério Público Federal, passou a identificar e a reprimir as organizações criminosas que realizavam ações para introduzir mercadorias descaminhadas e contrabandeadas através da rota Brasil-Paraguai, o que também reverteu na erradicação dos comboios de ônibus de sacoleiros. Somente naquele ano foram apreendidos 641 ônibus que adentravam o país com US$ 62 milhões em mercadorias vindas de Ciudad del Este, 86% a mais do que no ano anterior (RECEITA FEDERAL, 2005). De acordo com Rafael Dolzan (2018), Delegado da Receita Federal em Foz do Iguaçu (2006-2018), outras operações foram realizadas durante esse período, entre elas a Muralha, a Fronteira Blindada e a Ágata (elaborada pelo Exército). Essas operações tiveram seus períodos estendidos por mais tempo do que as anteriores, o que, de acordo com Dolzan, foi uma estratégia para colocar ainda mais pressão sobre a rede de contrabandistas que atua na região. "De 2000 a 2018, foram apreendidos 38 mil veículos. Desses, são 3.500 ônibus. Ônibus também que eram usados só pra contrabando e descaminho", afirma Dolzan (2018).

Além das operações, o investimento estatal em segurança naquele período também se deu em infraestrutura e na compra de equipamentos. Ainda em 2005, foi inaugurada a nova sede da Delegacia de Polícia Federal de Foz do Iguaçu, uma das maiores do gênero no Brasil (AGÊNCIA BRASIL, 2005). A PF passou a contar a partir de 2011 com um Veículo Aéreo Não Tripulado (Vant) comprado por R$ 8 milhões para melhorar o monitoramento da fronteira (PORTAL DE FOZ, 2017). Segundo Adriano Mendes Barbosa (2018), o projeto foi abandonado em 2016 por falta de investimentos e também por não ter trazido o retorno esperado.

Da mesma forma, a fiscalização do setor financeiro também foi expandida. O governo brasileiro criou em 2003 a Estratégia Nacional de Combate à Corrupção e Combate à Lavagem de Dinheiro (ENCCLA), que resultou em importante medida que é o Cadastro Nacional de Clientes do Sistema Financeiro (CCS). O cadastro traz informações sobre correntistas e clientes do sistema bancário brasileiro, essencial para o cruzamento com outros dados a fim de se observarem movimentações atípicas. Tais mecanismos, assim como o Conselho de Controle de Atividades Financeiras (COAF),[17] instituído em 1998, foram reconhecidos pelo governo dos Estados Unidos como importantes passos para o combate à lavagem de dinheiro do terrorismo. "O governo brasileiro está obtendo resultados visíveis graças aos recentes investimentos em infraestrutura de fronteira e de leis que foram feitos com o objetivo de controlar a entrada de bens – legais e ilegais – através da Área da Tríplice Fronteira" (ESTADOS UNIDOS, 2012, p. 132).

Se por um lado estes investimentos em segurança e iniciativas no âmbito de mecanismos de repressão aos crimes financeiros foram importantes para demonstrar o comprometimento do governo brasileiro em tornar a TF mais vigiada, essas medidas também colaboraram para dar maior credibilidade ao discurso brasileiro sobre a falta de evidências da atuação de terroristas. A maior presença do Estado na Tríplice Fronteira e na fiscalização de crimes como lavagem de dinheiro demonstravam que o governo brasileiro tinha o controle efetivo da região.

O esforço deu resultados e a narrativa do governo brasileiro prevaleceu. O discurso da falta de evidências foi incorporado no relatório final das reuniões do grupo 3+1 em pelo menos duas ocasiões. A primeira declaração, relativa ao encontro de dezembro de 2005, afirma que "os participantes concluíram que, de acordo com a informação disponível, nenhum ato operacional de terrorismo foi detectado na Área da Tríplice Fronteira" (ESTADOS UNIDOS, 2005b). No encontro de 2009, a mesma

---

17 Desde setembro de 2001, o COAF passou a investigar entidades e indivíduos que estivessem na lista UN 1267 (ESTADOS UNIDOS, 2004), que atualmente inclui os grupos Al Qaeda e o Daesh.

informação é repetida em telegrama da Embaixada norte-americana em Brasília: "até o momento não há evidências de atividade terrorista ou financiamento na região e que todas as declarações do 3 mais 1 explicitamente afirmam isso" (ESTADOS UNIDOS, 2009).[18] Outro sinal de que a estratégia obteve sucesso veio alguns anos depois: a Tríplice Fronteira foi retirada da lista de "safe havens" do terrorismo internacional na edição de 2012 (relativa a 2011) do *Country Reports on Terrorism*, documento mais importante sobre o tema publicado anualmente pelo Departamento de Estado dos Estados Unidos (CASTRO, 2017).

Considerações finais

A posição demonstrada pelos principais diplomatas do Itamaraty em relação às acusações de práticas terroristas na TF se mostraram convergentes no pós-11 de setembro, tanto no governo Cardoso como no de Lula. As reiteradas tentativas de trazer suspeições sobre a atuação de grupos terroristas na região foram rechaçadas de tal maneira que sua negativa passou a ser uma diretiva do próprio Itamaraty em ambas as gestões. A diretiva também foi adotada pelo Mecanismo 3+1, passando a figurar nos relatórios finais, tanto no de 2005 como no de 2009, o que demonstra o esforço brasileiro de fazer com que sua narrativa tivesse proeminência perante as demais e o sucesso deste esforço. Durante o governo Lula, contudo, observou-se um cenário externo e interno propício para a defesa mais enfática da região.

18 Tradução da autora. Texto original: "At the December, 2005 meeting [3+1], participants concluded that according to available information, no operational acts of terrorism have been detected in the Tri-Border Area." (ESTADOS UNIDOS, 2005b); "[...] there had so far been no evidence of terrorist activity or finance in the region and that all of the 3 Plus 1 declarations had explicitly stated as much." (ESTADOS UNIDOS, 2009).

Tanto os telegramas com relatos das reuniões com representantes do governo dos Estados Unidos assim como as entrevistas demonstram como as acusações não vieram corroboradas por provas do suposto envolvimento de membros da comunidade árabe da Tríplice Fronteira com o financiamento de grupos como o Hezbollah. A relação não foi demonstrada aos agentes do governo brasileiro no Itamaraty pelo menos no período estudado. As informações a esse respeito vinham, segundo demonstram as declarações do representante do Departamento de Estado Gerard Gallucci, do lado argentino. Ao mesmo tempo, não era função do governo brasileiro saber qual era o destino final das remessas da comunidade árabe da Tríplice Fronteira.

A cooperação com o governo norte-americano também se mostrou pronunciada em ambos os períodos analisados. O maior destaque no breve governo Fernando Henrique Cardoso pós 11 de setembro de 2001 é a visita do general Alberto Cardoso, chefe do Gabinete Institucional de Segurança da Presidência, ao Pentágono logo após os atentados, a fim de negar a existência de atividades terroristas na Tríplice Fronteira.

Durante o governo Lula, observou-se uma ênfase às medidas para o aumento de controle da região, sendo algumas delas desdobramentos do governo anterior. Foram implantadas novas operações policiais para combate de práticas criminosas como contrabando e descaminho, investimento em infraestrutura e compra de equipamentos de vigilância, além da criação de novos mecanismos de fiscalização financeira, a fim de inibir o crime de lavagem de dinheiro.

Houve, portanto, muitas semelhanças nos discursos e diretivas de ambas as administrações, mas houve ênfases mais acentuadas, porém complementares entre ambos os governos. Isso ocorreu porque os contextos também eram diferentes e necessitavam de respostas adequadas para suas especificidades. Por isso, podemos afirmar que o governo brasileiro, sob Cardoso, reagiu às acusações feitas à Tríplice Fronteira dando ênfase na defesa da comunidade árabe de Foz do Iguaçu que ali se instalou há décadas e no oferecimento de solidariedade e colaboração no setor de inteligência ao governo dos Estados Unidos. Sob Lula, as prioridades foram securitizar a região, promovendo a presença ostensiva das forças de segurança, e fazer com que o discurso brasileiro que versava sobre a ausência de provas que comprovassem a atuação de terroristas na região prevalecesse sobre os demais. Afinal, até os dias de hoje, a contradição entre o discurso de alguns segmentos do governo norte-americano e as evidências se mantém.

Referências

a) Entrevistas

ABRAMOVAY, Pedro. Entrevista concedida à autora. Nova York, 27 nov. 2018.

BARBOSA, Adriano Mendes. Entrevista concedida à autora. São Paulo, 07 jun. 2018.

DIPLOMATA. Entrevista concedida à autora em 24 jan. 2019.

DOLZAN, Rafael Rodrigues. Entrevista concedida à autora. Foz do Iguaçu, 25 mai. 2018.

FUCHS, Mozart Person. Entrevista concedida à autora. Foz do Iguaçu, 23 mai. 2018.

b) Fontes documentais

AGÊNCIA BRASIL. Thomaz Bastos inaugura nova sede da PF em Foz do Iguaçu. *Tribuna do Paraná*. Curitiba, 28 abr. 2005. Disponível em: <https://www.tribunapr.com.br/noticias/thomaz-bastpo-inaugura-nova-sede-da-pf-em-foz-do-iguacu/>. Acesso em: 10out. 2018.

BRASIL. Ministério das Relações Exteriores. *OEA Brasil-EUA*. Atentados nos Estados Unidos. Entrega de "talking point" a Embaixada dos Estados Unidos. Nr. 01084. Brasília, 14/09/2001a. Disponível em: <http://www.consultaesic.cgu.gov.br/busca/dados/Lists/Pedido/Attachments/588465/RESPOSTA_PEDIDO_NUP09200000714201792-Rubens%20Soares.pdf>. Acesso em: 26out. 2018.

______. Ministério das Relações Exteriores. *Brasil-EUA*. Circular Telegráfica. Registro de telefonema entre o PR e o Presidente Bush. Nr. 41956. Brasília, 27/09/2001b. Disponível em: <http://www.consultaesic.cgu.gov.br/busca/dados/Lists/Pedido/Attachments/588465/RESPOSTA_PEDIDO_7-NUP09200000714201792-Rubens%20Soares.pdf>. Acesso em: 23out. 2018.

______. Ministério das Relações Exteriores. *Relação Brasil-EUA*. Fronteira Tríplice. Nr. 02276. Washington, 26/09/2001c. Disponível em: <http://www.consultaesic.cgu.gov.br/busca/dados/Lists/Pedido/Attachments/588465/RESPOSTA_PEDIDO_NUP09200000714201792-Rubens%20Soares.pdf>. Acesso em: 26out. 2018.

______. Ministério das Relações Exteriores. *Paraguai*. Tríplice fronteira. Combate ao terrorismo. Circular telegráfica. No. 42150, Asunción, 30/10/2001d. Disponível em:< http://www.consultaesic.cgu.gov.br/busca/dados/Lists/Pedido/Attachments/588465/RESPOSTA_PEDIDO_27-NUP09200000714201792-Rubens%20Soares.pdf>. Acesso em: 26out. 2018.

______. *Terrorismo*. Tríplice Fronteira. Audiência ao Encarregado de Negócios dos EUA. Nr. 01326. Brasília, 07/10/2001e. Disponível em: <http://www.consultaesic.cgu.gov.br/busca/dados/Lists/Pedido/Attachments/588465/RESPOSTA_PE-

DIDO_NUP09200000714201792-Rubens%20Soares.pdf>. Acesso em: 26out. 2018.

______. *Brasil-EUA*. Terrorismo. Visita do Ministro Chefe do Gabinete de Segurança Institucional. Nr. 02708. Washington, 12/11/2001f. Disponível em: <http://www.consultaesic.cgu.gov.br/busca/dados/Lists/Pedido/Attachments/588465/RESPOSTA_PEDIDO_NUP09200000714201792-Rubens%20Soares.pdf> Acesso em: 26out. 2018.

______. *Brasil-EUA*. Terrorismo. Fronteira tríplice. Conversa no Departamento de Estado. Nr. 02760. Washington, 19/11/2001g. Disponível em: <http://www.consultaesic.cgu.gov.br/busca/dados/Lists/Pedido/Attachments/588465/RESPOSTA_PEDIDO_NUP09200000714201792-Rubens%20Soares.pdf>. Acesso em: 26out. 2018.

______. *Paraguai*. MERCOSUL. Reunião de Ministros de Interior e Justiça. Reuniões dos Grupos Técnicos. Nr. 00285. Asunción, 5/06/2003. Disponível em: < http://www.consultaesic.cgu.gov.br/busca/dados/Lists/Pedido/Attachments/485776/RESPOSTA_PEDIDO_DETS-01012001%20A%2031122003.pdf>. Acesso em: 26out. 2018.

CARAZZAI, Estelita H. PF prende em Foz do Iguaçu homem acusado de financiar o Hizbullah. *Folha de S.Paulo*. São Paulo, 21 set. 2018. Disponível em: <https://www1.folha.uol.com.br/mundo/2018/09/pf-prende-em-foz-do-iguacu-homem-acusado-de-financiar-o-hizbullah.shtml>. Acesso em: 31 jan. 2019.

ESTADOS UNIDOS. *Country Reports on Terrorism (2011)*. Department of State. Washington, 2012. Disponível em: http://www.state.gov/j/ct/rls/crt/2011/. Acesso em: 5 jan. de 2014.

______. *President Cardoso of Brazil to Visit Washington.* Statement by the Press Secretary. Washington, 2001. Disponível em: https://georgewbush-whitehouse.archives.gov/news/releases/2001/11/text/20011102-7.html> Acesso em: 21 nov. 2018.

______. *Brazil 2004-2005 INCSR Part II - Money Laundering And Financial Crimes.* Telegrama da Embaixada dos Estados Unidos da América em Brasília, 12/01/2005a. Disponível em: <https://search.wikileaks.org/plusd/cables/05BRASILIA123_a.html>. Acesso em: 28 jul. 2016.

______. *Brazil: 2005 Annual Terrorism Report.* Embaixada dos Estados Unidos da América em Brasília, 16 de dezembro de 2005b. Disponível em: <https://search.wikileaks.org/plusd/cables/05BRASILIA3277_a.html>. Acesso em: 27 jul. 2016.

______. *Brazil: CJCS Meeting with Institutional Security Minister Felix, 10 March 2004.* Embaixada dos Estados Unidos da América em Brasília, de 16 de março de 2004. Disponível em: <https://search.wikileaks.org/plusd/cables/04BRASILIA623_a.html>. Acesso em: 28 jul. 2016.

______. *Brazil: Scenesetter for October 5-7 Visit of S/CT Deputy Coordinator of Regional Affairs Shari Villarosa.* Embaixada dos Estados Unidos da América em Brasília, 2 de outubro de 2009. Disponível em: < https://wikileaks.org/plusd/cables/09BRASILIA1216_a.html>. Acesso em: 30 ago. 2016.

FRANCE PRESSE. FHC não acredita que grupos terroristas atuem na fronteira tríplice. *Folha de S.Paulo*. São Paulo, 28 set. 2001. Disponível em: <https://www1.folha.uol.com.br/folha/brasil/ult96u25190.shtml>. Acesso em: 20 jan. 2019.

MELLO, Patricia. Fechar embaixadas seria retrocesso impraticável, diz Celso Amorim. *Folha de S.Paulo*. São Paulo, 22 fev. 2015 Disponível em: <https://www1.folha.uol.com.br/mundo/2015/02/1593079-fechar-embaixadas-seria-retrocesso-impraticavel-diz-celso-amorim.shtml>. Acesso em: 20 jan. 2019.

O ESTADO DO PARANÁ. Itaipu amplia segurança e terá Núcleo de Polícia. *O Estado do Paraná.* Curitiba, 11 out. 2002. Disponível em: < https://www.tribunapr.com.br/noticias/parana/itaipu-amplia-seguranca-e-tera-nucleo-da-policia-maritima/>. Acesso em: 20 jan. 2019.

PORTAL DA CIDADE. Veículo aéreo da PF em Foz não sai do hangar há um ano. *Portal da Cidade.* Foz do Iguaçu, 2017. Disponível em: <https://foz.portaldacidade.com/noticias/cultura/veiculo-aereo-da-pf-em-foz-nao-sai-do-hangar-ha-um-ano>. Acesso em: 20 jan. 2019.

RECEITA FEDERAL. Operação Comboio Nacional completa 11 anos. *Portal da Receita Federal.* Brasília, 17 jun. 2016. Disponível em: <http://idg.receita.fazenda.gov.br/noticias/ascom/2016/junho/operacao-comboio-nacional-completa-11-anos>. Acesso em: 10out. 2018.

ROHTER, Larry. Terrorists are sought in Latin Smugglers' Haven. *The New York Times*, 27 set. 2001, p. A3.

SANGER, David E. Bush Outlines Vision for Expanding Democracy in Mideast. *New York Times.* Washington, 6 nov. 2003. Disponível em: <https://www.nytimes.com/2003/11/06/international/middleeast/bush-outlines-vision-for-expanding-democracy-in.html>. Acesso em: 20 jan. 2019.

SILVEIRA, Wilson. FHC admite a possibilidade de elo de terror na tríplice fronteira. *Folha de S.Paulo,* São Paulo, 24 nov. 2001, p. A22. Disponível em: <https://acervo.folha.com.br/leitor.do?numero=15174&keyword=Foz%2CIgua%-

C3%A7u&anchor=57898&origem=busca&pd=d55a14e-56f940ee296fbb69eee8223b1>. Acesso em: 12 dez. 2018.

c) Fontes bibliográficas

AMARAL, A. B. *A Tríplice Fronteira e a Guerra ao Terror.* Rio de Janeiro: Apicuri, 2010.

BORDIGNON, F. Ultrapassando fronteiras: cooperação policial e o exemplo do Comando Tripartite na Tríplice Fronteira Argentina, Brasil e Paraguai. In: LUDWIG, Fernando e BARROS, Luciano. *(Re)Definições das Fronteiras.* Visões Interdisciplinares. Curitiba: Juruá Editora, 2017, 70-92.

CASTRO, I. C. S. A Tríplice Fronteira no Wikileaks: uma análise do discurso diplomático norte-americano sobre a região. *Anais do 41º Encontro Anual da Associação Nacional de Pós-Graduação e Pesquisa em Ciências Sociais* (Anpocs), outubro de 2017. Disponível em:<https://www.anpocs.com/index.php/papers--40-encontro-2/gt-30/gt27-15/10854-a-triplice-fronteira-no--wikileaks-uma-analise-do-discurso-diplomatico-norte-americano-sobre-a-regiao/file>. Acesso em: 1 mar. 2018.

CERVO, A. L.; BUENO, C. *História da Política Exterior do Brasil.* Brasília: Editora Universidade de Brasília, 2008.

PINHEIRO, L.; LIMA, M. R. S. Between Autonomy and Depen--dency: The Place of Agency in Brazilian Foreign Policy. *Brazilian Political Science Review,* São Paulo, v. 12, n. 3, e0003, 2018. Disponível em <http://www.scielo.br/scielo.php?script=sci_arttext&pid=S1981-38212018000300201& lng=pt&nrm =iso>. Acesso em: 2 jan. 2019.

PINHEIRO, L.; LIMA, M. R. S.; HIRST, M. A política externa brasileira em tempos de novos horizontes e desafios. *Nueva Sociedad.* Democracia e Política en America Latina. Dezembro, 2010. Disponível em: <http://nuso.org/articulo/a-poli-

tica-externa-brasileira-em-tempos-de-novos-horizontes-e--desafios/>. Acesso em: 2 jan. 2019.

VIGEVANI, T. e CEPALUNI, G. *A política externa brasileira.* A busca da autonomia, de Sarney a Lula. São Paulo: EDUNESP, 2016.

VIGEVANI, T. e OLIVEIRA, M F. de; CINTRA, R. Política externa no período FHC: a busca de autonomia pela integração. *Tempo Social.* São Paulo, v.15, n.2, novembro de 2003. Disponível em: <http://dx.doi.org/10.1590/S0103-20702003000200003>. Acesso em: 15 set. 2015.

6.
A política brasileira de defesa e segurança para as fronteiras

Camilo Pereira Carneiro

Ao longo dos 16.886 quilômetros de fronteiras terrestres, o Brasil tem alguns pontos fronteiriços onde se encontram cidades gêmeas, que são adensamentos populacionais, divididos pela linha de fronteira, e que podem estar articulados ou não por obra de infraestrutura. O ponto fronteiriço mais conhecido é chamado simplesmente de Tríplice Fronteira e divide Foz do Iguaçu, no Estado do Paraná, Ciudad del Este, no Paraguai, e Puerto Iguazú, na Argentina. A dimensão do fluxo econômico local e suas dinâmicas, além da questão de segurança e defesa, têm feito desta fronteira o foco de políticas públicas com resultados bastante distintos. Nenhum deles, contudo, provocou expressivo impacto no maior desafio que se coloca para a região: o desenvolvimento sustentável.

As fronteiras brasileiras, consolidadas no início do século XX, configuram espaços geográficos que têm como funções a distinção de identidades nacionais, a defesa do território estatal e o controle da entrada de pessoas e mercadorias (BENTO, 2015). Fábio Régio Bento destaca, ainda, que, além dessas funções permanentes de uma fronteira física, existe a possibilidade da zona de fronteira constituir um espaço de encontro e integração entre populações de Estados vizinhos. Em outras palavras, uma integração materializada em áreas fronteiriças como a Tríplice Fronteira entre o Brasil (Foz do Iguaçu), a Argentina (Puerto Iguazú) e o Paraguai (Ciudad del Este).

Nesse sentido, a partir da década de 1990, houve uma maior aproximação entre os países do Cone Sul, e os fluxos comerciais sofreram um grande acréscimo com o advento do Mercado Comum do Sul, o Mercosul (CARNEIRO, 2016). Localizada em um ponto estratégico no subcontinente, além de estar sobre o Aquífero Guarani, a Tríplice Fronteira abriga a Ponte Tancredo Neves, entre Brasil e Argentina, e a Ponte da Amizade, que liga o Brasil ao Paraguai, configurando um importante corredor de importação e exportação do bloco. Além das pontes, é particularmente importante a conexão viária entre a região e os portos de Paranaguá e Santos (Depósitos Franco do Paraguai), por onde escoam, por exemplo, as commodities, como a soja.

No início do século XXI, com o aprofundamento da integração regional na América do Sul, as zonas de fronteira do Brasil passaram a receber novos enfoques, sendo percebidas como áreas de contato e passaram a receber políticas públicas de desenvolvimento social e econômico. No entanto, nos últimos anos, o enfoque do governo brasileiro para as zonas de fronteiras voltou a privilegiar as tradicionais funções de segurança e defesa. As políticas públicas em prol do desenvolvimento social têm sido deixadas de lado e, desde 2011, passaram a receber cada vez menos atenção por parte do governo federal. A partir do Programa Estratégico de Fronteiras (PEF), o incentivo ao desenvolvimento regional da faixa de fronteira do Brasil passou a dar lugar ao combate à criminalidade que, por sua vez, passou a configurar o objetivo principal das políticas do governo federal para a fronteira (BRASIL, 2011). O novo enfoque do governo federal para as zonas de fronteira sul-americanas se pautou em um estereótipo de áreas que, em geral, sofrem com a marginalização econômica (que acarreta a falta de oportunidades de trabalho para os jovens), a discriminação e a exclusão.

Não obstante, é importante frisar que essa realidade não se aplica completamente à região oeste do Paraná onde está Foz do Iguaçu, que configura uma exceção na faixa de fronteira brasileira (FEC/IMVF, 2017). Contudo, ainda que a Tríplice Fronteira Brasil, Argentina e Paraguai configure uma exceção, por contar com boa infraestrutura de transportes, comunicações, energia (abriga Itaipu Binacional), além de possuir um setor de serviços desenvolvido (por exemplo: conta com três aeroportos internacionais, um de cada lado da fronteira), sua imagem é intensamente vinculada a atividades criminosas, em especial ao contrabando.

Para além do foco no aspecto negativo, a Tríplice Fronteira possui uma série de desafios de segurança, alguns dos quais já foram enfrentados. Nesse sentido, Silva e Costa (2018) explicam que o período entre 1990 e 2005 foi caracterizado pelos comboios de ônibus que levavam produtos fruto de contrabando e descaminho do Paraguai para dentro do território brasileiro. As autoridades enfrentaram aquele modelo com sucesso, eliminando a complacência com o contrabando realizado por sacoleiros através da Operação Comboio Nacional. No entanto, posteriormente, a região passou a sofrer mais profundamente os impactos da presença de organizações criminosas locais e oriundas de outros estados brasileiros, como o Primeiro Comando da Capital (PCC) e o Comando Vermelho (CV).

Face ao exposto, o presente trabalho tem a finalidade de analisar os contextos geopolítico, social e econômico da Tríplice Fronteira e expor as diferentes políticas governamentais implementadas na região, em especial aquelas que enfocam segurança e defesa, aferindo sua eficácia. O texto, embasado em obras de autores especialistas nas fronteiras brasileiras, traz uma reflexão acerca dos mitos e estereótipos que compõem o imaginário coletivo da sociedade brasileira no tocante à Tríplice Fronteira.

Pobreza, desigualdade social e corrupção no Paraguai

Para entender o contexto social e econômico da Tríplice Fronteira é importante analisar mais detalhadamente a economia do país que tem a maior parte de seu Produto Interno Bruto (PIB) oriundo daquela região, o Paraguai. De acordo com César (2015), nos últimos trinta anos a economia paraguaia foi baseada em três pilares: a exportação de commodities agrícolas (sobretudo a soja), a venda de energia elétrica a países vizinhos e o comércio de reexportação (ou de triangulação). As bases deste modelo econômico foram organizadas na década de 1970, quando ocorreu o aprofundamento das relações entre o regime do general Stroessner e a ditadura cívico-militar que governava o Brasil. A histórica aproximação entre os governos teve uma incidência crucial no desenho do modelo de desenvolvimento adotado pelo Paraguai.

Esse modelo de desenvolvimento adotado fez com que o Paraguai passasse a figurar, ao lado do Brasil e de outros vizinhos da América Latina, entre os países mais desiguais do mundo (CEPAL, 2018). Além da brutal concentração de renda e da exclusão social vivenciada, sobretudo pela população de origem indígena, o Paraguai vem registrando, ao longo do tempo, um quadro de mau funcionamento das instituições e órgãos da sociedade civil. Além disso, o aparelho estatal paraguaio sofre as mazelas causadas pela corrupção, que contribui, dentre outras coisas, para a falta de confiança e credibilidade da sociedade em relação à classe política nacional. As representações sobre a corrupção são atribuídas a grandes parcelas da sociedade, apesar de se manifestarem mais expressivamente na esfera política (BÉLIVEAU, 2011).

Com relação ao tema, Britez e Caballero (2010) destacam que durante seu governo, o ditador Alfredo Stroessner chegou a afirmar que a corrupção era o "preço da paz" (o que significava a compra de lealdades). A prática chegou a repercutir na institucionalidade da República, bem como na cultura de uma sociedade permissiva, capaz de renunciar aos seus princípios em troca de vantagens ilegais. Os supracitados autores destacam que o fim da ditadura e a entrada em vigor de um sistema de liberdades públicas não resultaram no fim da corrupção, que segue instalada na burocracia estatal e foi ampliada com o que denominam de "partidocracia".

Por sua vez, Machado (2005) ressalta que outra característica do Paraguai, que gera impactos na Tríplice Fronteira, é a condição de paraíso fiscal do país.[1] Isso explica o fato de Ciudad del Este abrigar dezenas de bancos paraguaios e instituições financeiras que são utilizados por paraguaios e estrangeiros (laranjas ou não) que realizam operações legais e ilegais, como evasão fiscal e lavagem de dinheiro, por exemplo.

Apesar do programa de ajuda aos mais pobres implementado durante o governo de Fernando Lugo (2008-2012), as fortes

---

1 Um paraíso fiscal consiste em um país inteiro ou parte de um território dentro de um país que oferecem taxas mínimas de imposto para pessoas e companhias estrangeiras e compartilham o mínimo de informações com os países de sua origem, nos quais as taxas de imposto são, em regra, muito maiores. Os procedimentos de funcionamento dos paraísos são bem diretos. Ao invés dos lucros da venda dos produtos e serviços serem registrados no país em que ocorrem, as empresas os registram nesses locais. Indivíduos milionários e grandes companhias multinacionais podem ter o domicílio oficialmente registrado nesses paraísos fiscais e se beneficiarem dessas vantagens.

desigualdades sociais persistem no país. Uma pesquisa publicada no jornal *Le Monde*, em 2011, apontou que os 40% mais pobres recebem 12% da renda, enquanto os 10% mais ricos recebem 40%. Esse quadro é agravado pela concentração fundiária e pela expansão da cultura da soja. A pesquisa apontou ainda que 2,6% dos proprietários controlam 85% das terras do país, enquanto 60% dos camponeses são condenados a viver nas periferias das cidades em condição de miserabilidade (LE MONDE, 2011).

No que tange aos indicadores de desenvolvimento humano, de acordo com o Programa das Nações Unidas para o Desenvolvimento (PNUD), em 2018 o Paraguai figurava na posição 110 no ranking de 189 países. Em relação aos vizinhos que compartilham a Tríplice Fronteira, no mesmo ranking o Brasil figurava na posição 79 e a Argentina na 47 (PNUD, 2018).

Moreno (2009) destaca que, no Paraguai, a defesa nacional e a segurança interna têm como desafio o combate ao que denomina de "as novas ameaças", a saber: o narcotráfico, o terrorismo, o crime organizado, a lavagem de dinheiro, a miséria, as desigualdades sociais extremas, a corrupção e a ingovernabilidade. O autor ressalta que o país sofre com problemas relacionados ao exercício do poder governamental, uma vez que o bem particular (de ocupantes de cargos públicos e pessoas associadas) é priorizado em prejuízo do bem comum.

A pobreza, a precariedade dos serviços públicos e as escassas oportunidades de trabalho formal fazem com que os indivíduos mais pobres que residem nas zonas de fronteira recorram a estratégias de sobrevivência que muitas vezes vão de encontro às leis. Na Tríplice Fronteira, por exemplo, é possível encontrar pessoas com mais de uma nacionalidade, o que pode ocorrer em virtude da conformação de famílias transfronteiriças ou como produto da chamada "instrumentalização das identidades nacionais" (LÓPEZ, 2000 *apud* UNIGARRO, 2017, p. 257), com o propósito de adquirir a nacionalidade de algum dos países vizinhos. Este uso e manipulação das identidades nacionais configura um fenômeno próprio de fronteiras na América do Sul e tem como objetivo geral melhorar as condições socioeconômicas e o acesso a direitos como saúde, educação e assistência social oferecidos por cada Estado.

Nos primeiros anos do século XXI, as parcelas mais carentes da população fronteiriça do Paraguai chegaram a ser beneficiadas com políticas públicas, implementadas pelo governo brasileiro, voltadas ao desenvolvimento das zonas de fronteira. A população da Tríplice Fronteira, em especial indígenas e paraguaios, foi beneficiada com iniciativas no âmbito da saúde pelo Sistema Integrado de Saúde das Fronteiras (SIS-Fronteiras), criado em 2005; da educação, com a criação de vagas de ensino superior exclusivas (50% do total) para nacionais de outros Estados da América Latina, na Universidade Federal da Integração Latino-Americana (Unila), fundada em 2010, e pelo Projeto Escolas Interculturais Bilíngues de Fronteira (PEIBF), criado em 2005. Em outras áreas também se registraram iniciativas de políticas públicas semelhantes, como na área do direito dos cidadãos fronteiriços, por meio de acordos de localidades vicinais fronteiriças, elaborados para as díades Brasil-Argentina e Brasil-Paraguai, entre outras.

Não obstante o impulso dado às políticas públicas de desenvolvimento social na fronteira, grande parte das iniciativas foi descontinuada ou teve sua eficácia comprometida. O SIS-Fronteiras foi interrompido em 2015, o PEIBF vem sofrendo com a interrupção periódica nos repasses financeiros aos professores envolvidos no projeto, e as obras de construção da sede da Unila (projetada por Oscar Niemeyer e localizada dentro da área da Itaipu Binacional) estão paralisadas.

A desativação das políticas públicas promovidas no lado brasileiro da fronteira tem atingido habitantes do lado paraguaio que eram beneficiados pelas mesmas. Grande parte do contingente de estudantes estrangeiros da Unila é proveniente do Paraguai[2] e vem sentindo os impactos da redução dos investimentos em educação que foi imposta pelo governo federal brasileiro a partir de 2016. Além disso, o fim do SIS-Fronteiras sobrecarregou o sistema de saúde do município de Foz do Iguaçu, tendo em vista que unidades de saúde como a do bairro Jardim América e instituições como o Hospital Municipal e o Hospital Costa Cavalcanti prestam atendimento a um grande contingente de brasiguaios e paraguaios residentes do outro lado da fronteira (CARNEIRO, 2016).

A criminalidade na Tríplice Fronteira

De acordo com Unigarro (2017), a política da diferença se reconfigura constantemente em torno dos discursos e práticas de vida contraditórios dos habitantes fronteiriços, por meio dos quais se manifestam as exclusões e é redesenhado o discurso da fraternidade e irmandade entre os países vizinhos e seus habitantes. Isso influi na vivência própria e na percepção da fronteira de cada sujeito, de maneira que o fato de que para muitos fronteiriços não exista a necessidade de cruzar o limite internacional implica que viver na fronteira não significa conhecê-la.

No que tange à percepção da sociedade acerca da violência na Tríplice Fronteira, diversos acadêmicos destacam a interferência da mídia, por meio de matérias sensacionalistas, na

2 Em 2018, a Unila contava com um total de 4.035 alunos matriculados na graduação. As três nacionalidades mais representativas eram, respectivamente: Brasil, com 2.818 estudantes, Paraguai, com 437, e Colômbia, com 211 (BRASIL, 2018).

construção de estereótipos – ligados ao terrorismo, ao crime e à violência – sobre a região (RABOSSI, 2011; FERREIRA, 2012; KLEINSCHMITT, 2016; CARNEIRO, 2016). Nesse sentido, Cruz (2008) explica que o papel da mídia vai muito além da cobertura e da divulgação das notícias sobre segurança pública. Por meio da divulgação das notícias, a mídia influencia a opinião pública sobre o sentimento de segurança ou insegurança pública. Noticiários sobre o crime induzem à superestimação do risco real enfrentado pelas pessoas.

Apesar da imagem deturpada das zonas de fronteira, amplamente difundida pela imprensa, é correto afirmar que as cidades gêmeas localizadas na fronteira do Brasil são caracterizadas por uma forte ambiguidade entre o legal e o ilegal. Isso ocorre porque, segundo Machado (2005), situações que não estão de acordo com as leis vigentes e que para o Estado configuram evasão fiscal são percebidas, frequentemente, como proteção contra a desvalorização ou busca de valorização de capitais na ótica de cidadãos e empresas. Nesse sentido, em algumas cidades de fronteira, atividades do setor informal, como o contrabando e o descaminho, acabam por configurar a fonte de renda de um grande número de indivíduos e suas famílias.

Em relação à Tríplice Fronteira, cabe lembrar que a região ficou estigmatizada pelo chamado "circuito sacoleiro" (KLEINSCHMITT, 2016) ou "era dos comboios" (SILVA e COSTA, 2018), período entre 1990 e 2005, quando ônibus carregados com contrabando (realizado por sacoleiros e laranjas) partiam da região da Ponte da Amizade em direção a diversos pontos do território brasileiro. No entanto, a partir de 2003, o governo federal do Brasil decretou que os ônibus que fossem pegos com contrabando seriam multados. Esse fato fez reduzir expressivamente as "excursões" para o Paraguai (PINHEIRO-MACHADO, 2011).

Kleinschmitt (2016) destaca que as operações de repressão ao chamado "circuito sacoleiro" nos primeiros anos do século XXI causaram impactos na Tríplice Fronteira. As operações implementadas pelas forças de segurança e fiscalização brasileiras, somadas a um período de valorização do dólar, fizeram com que do lado paraguaio houvesse uma retração do comércio no microcentro de Ciudad del Este, gerando o esvaziamento das lojas, diminuição do número de pessoas nas ruas e o aumento do desemprego (grande contingente de vendedores demitidos).

Cardin (2011), por sua vez, afirma que os trabalhadores que atuam em atividades de descaminho e contrabando vivenciam uma dura realidade. Para a grande maioria desses trabalhadores esta é a única forma de obtenção de renda possível. Em sua obra o autor relata a história de "sacoleiros" e "laranjas" que começaram a trabalhar como cigarreiros na fronteira, passando caixas de cigarro. Tais trabalhadores, no entender de Grimson (2005), configuram a peça chave de uma rede transfronteiriça complexa que, em seus extremos, começa e termina nas grandes cidades dos países limítrofes e em algumas cidades globais. Um circuito que envolve desde vendedores ambulantes, a comércios importantes e funcionários do Estado.

Empurrados para a ilegalidade por conta das escassas oportunidades oferecidas, os contingentes de menor escolaridade sofrem em maior escala os efeitos das políticas de segurança e controle implementadas na fronteira. O grande contingente de desempregados acaba por servir de mão de obra para atividades como o contrabando e o descaminho, mas uma parcela também acaba inserida em diferentes tipos de tráfico.

Nos últimos anos essa realidade se agravou em virtude não apenas da grande desigualdade social e concentração de renda existente nos países que compartilham a Tríplice Fronteira como também em virtude da crise econômica vivenciada pela Argentina[3] e pelo Brasil. Desde o final de 2014, com a crise político-econômica que se abateu sobre o Brasil, a recessão e a estagnação econômica fizeram com que o país ascendesse da 10ª para a 9ª posição entre os países mais desiguais do planeta. A severa onda de desemprego reduziu a renda geral do Brasil, em especial a renda da base da pirâmide social. No país, o número de pessoas pobres (quem sobrevive com renda de até US$ 1,90 por dia) subiu para 15 milhões em 2017, o que corresponde a 7,2% da população – aumento de 11% em relação a 2016, quando havia 13,3 milhões. A crise provocou o aumento do desemprego no Brasil, que era de 6,8%, em 2014, e ultrapassou os 13% em 2017. Consequentemente, mais de 13 milhões de pessoas estavam desempregadas no Brasil no primeiro trimestre de 2018 (OXFAM BRASIL, 2018; IBGE, 2018).

Os elevados índices de desemprego registrados pelo Brasil nos últimos anos conferem à questão do combate ao contrabando e ao descaminho na Tríplice Fronteira um aspecto social delicado. De acordo com o relatório do Instituto de Desenvolvimento Social de Fronteiras (IDESF) intitulado "O custo do contrabando", em 2015, aproximadamente 15 mil pessoas ganhavam seu sustento atuando diretamente em atividades de contrabando e descaminho apenas na região de Foz do Iguaçu (IDESF, 2015).

A média salarial de R$ 985 por mês (em 2015) demonstra a brutal exploração da mão de obra e a concentração dos ganhos que ficam nas mãos de 2% dos indivíduos envolvidos nessas atividades ilícitas. É importante destacar ainda que o contrabando

3 A crise argentina foi agravada com as medidas neoliberais adotadas pelo governo Macri. Entre 2017 e 2018 só na cidade de Buenos Aires houve um aumento de 59 mil pessoas em situação de rua. Em 2018, 18,4% (565 mil) dos habitantes da cidade se encontravam em situação de pobreza.

e o descaminho produzem um enorme prejuízo em termos de arrecadação aos cofres públicos brasileiros. Somente o cigarro representava, em 2015, 67,44% de todo o contrabando e descaminho que entra pelas fronteiras, ou o equivalente a R$ 6,4 bilhões, entre perdas da indústria e de arrecadação. Destes, R$ 4,5 bilhões correspondiam aos tributos que o governo deixou de arrecadar (IDESF, 2015).

O tema do contrabando e descaminho ainda possui um componente diplomático por envolver autoridades do Paraguai e de outros países vizinhos. No caso do cigarro, o principal acionista da Tabacaria Del Este (Tabesa), maior fabricante dos cigarros que entram de maneira ilícita no Brasil, é o ex-presidente paraguaio Horácio Cartes, que governou o país entre 2013 e 2018 (IDESF, 2016).

Face ao exposto, Yegros e Brezzo (2013) afirmam que a Tríplice Fronteira configura um ponto de tensão recorrente nas relações entre Asunción e Brasília. Ao longo de décadas, Ciudad del Este vem sendo marcada por um comércio internacional de triangulação para o Brasil (ao qual oficialmente os paraguaios se referem como reexportação). Diferentes mercadorias são adquiridas ali por indivíduos (muitos dos quais compõem redes de contrabandistas) que as introduzem no território brasileiro sem o devido pagamento de impostos. Segundo Pinheiro-Machado (2011), o dinheiro movimentado por Ciudad del Este é vital para a economia paraguaia, tendo em vista que o volume de produtos que sai do Paraguai em direção ao Brasil chegou a representar até 50% do PIB paraguaio, ainda que atualmente represente algo em torno de 12% do PIB do país (SILVA, DOLZAN e COSTA, 2019).

Na década de 1990, em virtude da magnitude e da continuidade das atividades comerciais de Ciudad del Este, o Brasil passou a extremar os controles e as restrições na fronteira. Na Tríplice Fronteira, assim como em outras partes da fronteira Brasil-Paraguai, a alta lucratividade oriunda do contrabando (sobretudo o de cigarros, principal produto contrabandeado do Paraguai para o Brasil) e do tráfico de drogas é algo muito atraente, o que torna difícil o combate e a repressão da criminalidade. O lucro líquido de uma carreta de cigarros levada do Paraguai ao município de São Paulo girava em torno de 1 milhão de reais em 2015 e o motorista responsável pelo transporte da carga recebia em média 10 mil reais. A diferença de preços (por conta da carga tributária maior no lado brasileiro) é um grande estímulo ao contrabando, em especial o de cigarros. Em 2015, o preço de uma carteira de cigarros no Paraguai variava entre R$ 0,20 e R$ 0,50. Já no Brasil o preço mínimo chegava a R$ 3,50 (LAMOSO, 2015).

Na Tríplice Fronteira a facilidade de obtenção de armas e drogas também potencializa o contrabando. As redes aeroportuária, portuária e viária são utilizadas por organizações criminosas que executam os três tipos de tráfico que mais geram lucro no planeta: armas, drogas e pessoas. O dinheiro obtido por meio de atividades ilícitas é "lavado" por quadrilhas que atuam na Tríplice Fronteira no comércio de Ciudad del Este (CARNEIRO, 2016).

Lidar com a criminalidade na fronteira coloca em jogo a segurança familiar, patrimonial e pessoal (LAMOSO, 2015). De acordo com autoridades paraguaias, atualmente, o Primeiro Comando da Capital (PCC) estaria buscando a liderança do tráfico de drogas e de armas por intermédio de assassinatos, com o objetivo de expulsar integrantes do Comando Vermelho e do Primeiro Grupo Catarinense, que disputam o controle do tráfico de drogas, cigarros e armas na fronteira Brasil-Paraguai (D'ANGELO e SANTOS, 2018).

Teixeira (2002) afirma que a falência da segurança pública no Brasil e o triunfo do crime organizado possuem uma explicação histórica, ligada à estratégia do regime militar (1964-1985) de misturar presos políticos com criminosos comuns, o que acabou por desencadear padrões de racionalidade e organização até então inexistentes. A partir da redemocratização as estruturas do crime com objetivos políticos evoluíram para o crime comum e nas décadas de 1980 e 1990 concentraram-se principalmente na realização de assaltos a bancos. A partir do final da década de 1990, passaram a preponderar novos tipos de crimes, como o roubo de cargas, e houve o aperfeiçoamento do tráfico de drogas, que, segundo Duarte, Marcondes e Carneiro, é hoje associado a policiais, membros do judiciário e do legislativo (DUARTE, MARCONDES e CARNEIRO, 2019, p. 16).

No que tange à violência, cabe destacar que Foz do Iguaçu registrou elevados índices de homicídio entre jovens de 15 a 24 anos entre 2007 e 2009, no entanto, melhorias no setor de turismo e a atuação policial, além de outros fatores econômicos, ajudaram na redução da criminalidade. Em 2015, Foz do Iguaçu registrou a taxa de 45,9 pessoas vítimas de homicídio a cada 100 mil habitantes, enquanto em 2010 era de 92,2 homicídios a cada 100 mil (quando figurou como o 12º município mais violento do Brasil). De acordo com a publicação Atlas da Violência de 2017, do Instituto de Pesquisa Econômica Aplicada (IPEA), Foz do Iguaçu aparece em 107º lugar (BRASIL, 2017).

A Tríplice Fronteira passou a ser vinculada ao terrorismo pelos governos da Argentina e dos EUA a partir da década de 1990, com os atentados contra a embaixada de Israel (1992) e a Associação Mutual Israelita Argentina (1994), e essa conexão se intensificou após os ataques terroristas de 11 de setembro de 2001 (ver Capítulos 4 e 5). Depois dos episódios, face às imposições de Washington, cada país da Tríplice Fronteira teve uma reação diferente. A Argentina passou a intensificar o controle migratório e colocar todo tipo de polícia em Puerto Iguazú. Posteriormente, em 2018, o governo Maurício Macri iria autorizar a instalação no país de várias bases militares dos EUA, estando uma delas prevista para a região da Tríplice Fronteira.

Por sua vez, o governo paraguaio permitiu, em 2005, o ingresso de 500 fuzileiros navais dos Estados Unidos. De acordo com Pagliari (2009), a ameaça terrorista e a guerra às drogas são argumentos usados para respaldar a presença militar dos Estados Unidos na América do Sul. O que se dá por meio de acordos bilaterais para a realização de treinamentos e por meio do envio de tropas que fazem uso de bases em diversos países do subcontinente. No acordo de cooperação militar bilateral Estados Unidos-Paraguai (aprovado pelo congresso paraguaio em 2005), as tropas estadunidenses receberam autorização para realizar manobras e treinamentos, com acesso livre para entrada e saída do país, podendo operar em qualquer ponto do território paraguaio.

O enfoque em segurança e defesa

O enfoque nas funções de segurança e defesa acompanha a história da construção das fronteiras do Brasil. Apesar de a lei n. 6.634, de 1979, ter regulamentado a faixa de fronteira do Brasil, desde o período imperial, sob o comando de D. Pedro II, já estava prevista uma zona de segurança na fronteira de dez léguas (o que equivale a 66 quilômetros). Com o tempo, esse limite passou a aumentar e, com as mudanças na legislação, passou para os 150 quilômetros atuais (CDIF, 2019).

Nas duas primeiras décadas após a delimitação da faixa de fronteira, ratificada pela Constituição Federal (BRASIL, 1988), as políticas públicas orientadas para essa região mantiveram o tradicional enfoque em segurança e defesa, tendo o Conselho de Defesa Nacional como um dos principais órgãos responsáveis pelo tema.[4] Tal orientação estava de acordo com a concepção tradicional de constituir a fronteira como uma área de restrição e controle.[5]

Contudo, a partir da década de 1990, dadas as novas condições de abertura comercial e integração regional, o enfoque do governo federal para a faixa de fronteira passou a assumir um caráter distinto, com ênfase no desenvolvimento regional (SCHERMA, 2016). O novo cenário permitiu a estruturação, a partir de 1999, no governo Fernando Henrique Cardoso, do Programa Social da Faixa de Fronteira, uma iniciativa da Secretaria de Desenvolvimento Regional do Ministério da Integração Nacional (BRASIL, 2010). A avaliação dos primeiros quatro anos do programa (1999-2002) indicou que as verbas e os convênios estiveram concentrados em poucas regiões. Não houve um planejamento de

---

4 Criado em 1927, chegou a ser denominado Conselho de Segurança Nacional com a Constituição de 1934, voltando a ter a denominação original com a Constituição de 1988. O Conselho de Defesa Nacional é responsável por assessorar o Presidente da República no caso de: declarar guerra ou estabelecer a paz; decretar estado de defesa, estado de sítio ou de intervenção federal; propor os critérios e condições para a utilização de áreas indispensáveis à segurança nacional do território e opinar sobre seu efetivo uso, especialmente nas fronteiras; opinar sobre questões relacionadas com a preservação e a exploração dos recursos naturais de qualquer espécie; e estudar, propor e acompanhar o desenvolvimento das medidas necessárias para garantir a independência nacional e a defesa do Estado democrático.

5 A primeira iniciativa de apoio federal aos municípios fronteiriços foi instituída pela Secretaria de Assuntos Estratégicos da Presidência da República e tratou-se do Programa de Auxílio Financeiro dos Municípios da Faixa de Fronteira (PAFMFF), criado em 1979, e cujo impacto foi aquém do planejado.

prioridades setoriais e os repasses eram distribuídos de maneira inadequada (GRUPO RETIS/MI, 2005).

A partir do governo Lula da Silva (2003-2010), o programa assumiu o nome de Programa de Desenvolvimento da Faixa de Fronteira e, posteriormente, veio a ser rebatizado de Programa de Promoção do Desenvolvimento da Faixa de Fronteira. O governo federal, então, passou a atuar em três frentes, com enfoques em: segurança; desenvolvimento econômico e social; integração; e cooperação transfronteiriça. A faixa de fronteira do Brasil passou a receber um enfoque até então inédito ligado à integração regional sul-americana, cujas iniciativas mais significativas foram o Programa de Promoção do Desenvolvimento da Faixa de Fronteira (PDFF), lançado em 2009, e a Comissão Permanente para o Desenvolvimento e a Integração da Faixa de Fronteira (CDIF), criada em 2010. No entanto, isso não implicou em uma diminuição da preocupação com a defesa, uma vez que as fronteiras sempre serão alvo de ações de defesa (SCHERMA, 2016).

O fato de haver pela primeira vez programas exclusivos para desenvolver a faixa de fronteira demonstra uma maior compreensão acerca da necessidade da parceria entre o desenvolvimento e a defesa nessas regiões. A melhoria nos índices sociais e econômicos, durante os mandatos de Lula da Silva (2003-2010), demonstraram a efetividade das políticas públicas empreendidas (SCHERMA, 2016).

De acordo com Kleinschmitt (2016), os municípios da faixa de fronteira do Brasil passaram a sofrer maior intervenção policial a partir da criação da Secretaria Nacional de Segurança Pública (Senasp), no início da década de 2000 e, sobretudo, a partir de 2011, quando diversas políticas de segurança e defesa passaram a ser criadas. No governo da presidente Dilma Rousseff (2011-2016), as fronteiras brasileiras passaram a receber outro enfoque. Embora tenha havido uma continuidade do Partido dos Trabalhadores (PT) no poder, o governo Rousseff priorizou as funções tradicionais das fronteiras de segurança, defesa e controle. Nesse sentido, lançou o Plano Estratégico de Fronteiras (PEF), a Estratégia Nacional de Segurança Pública nas Fronteiras (Enafron) e o Sistema Integrado de Monitoramento das Fronteiras (Sisfron). O PEF passou a incidir nas operações vinculadas à proteção das fronteiras: Ágata, Fronteira Blindada e Sentinela (COSTA, 2017).

Kleinschmitt (2016) destaca que com o lançamento do Plano Estratégico de Fronteiras as políticas de desenvolvimento regional, como o Programa de Promoção do Desenvolvimento da Faixa de Fronteira do governo Lula da Silva, passaram a dar lugar a iniciativas de combate à criminalidade. Dessa maneira, os municípios localizados na faixa de fronteira sofreram com a diminuição dos investimentos destinados à redução das desigualdades regionais.

Instituído em 2011, pelo Decreto nº 7.496, o PEF surgiu com o objetivo de "fortalecer a prevenção, controle, fiscalização e repressão dos delitos transfronteiriços e dos delitos praticados na faixa de fronteira brasileira" (BRASIL, 2011). A ideia central do plano era articular diferentes instâncias (União, estados e municípios) no enfrentamento de problemas de segurança na faixa de fronteira. No PEF foi implementada uma coordenação conjunta exercida pelos ministros da Justiça, da Defesa e da Fazenda. Entretanto, tal articulação não se mostrou eficiente, sobretudo por não especificar os atores que deveriam estar envolvidos na implementação do PEF, problema decorrente da baixa institucionalização. Como resultado percebe-se a falta de continuidade das ações desenvolvidas, o que torna mais difícil a consecução dos objetivos (COSTA, 2017).

Por sua vez, o Sisfron, criado em 2012 pelo Ministério da Defesa, foi instalado na 4ª Brigada de Cavalaria Mecanizada, localizada em Dourados, Mato Grosso do Sul, e tem como objetivo a ampliação da capacidade de monitoramento e mobilidade na faixa de fronteira do Brasil. Orçado em R$12 bilhões, o Sistema Integrado de Monitoramento de Fronteiras pretende fortalecer a capacidade de ação do Exército Brasileiro na faixa de fronteira por meio da instalação de antenas de comunicação e uma infovia e foi concebido para estar totalmente implantado até 2021 (BRASIL. MINISTÉRIO DA DEFESA, 2014). Também em 2012, o governo federal lançou a Enafron, um conjunto de políticas e projetos que tem por objetivo melhorar a percepção de segurança pública junto à sociedade e garantir a presença permanente das instituições policiais e a fiscalização na faixa de fronteira.

Em 2016, já sob a presidência de Michel Temer, o enfoque do governo federal nas funções de segurança e defesa das fronteiras foi reforçado com o Programa de Proteção Integrada de Fronteiras. Instituído pelo Decreto Presidencial nº 8.903, de 16 de novembro de 2016, o programa estabeleceu novas linhas de atuação das Forças Armadas nas fronteiras terrestres do Brasil e afetou diretamente a operação Ágata (BRASIL, 2016).

Dentro do novo enfoque de retomada das funções tradicionais de segurança e controle nas fronteiras, Rabossi (2011) destaca que os diagnósticos referentes à Tríplice Fronteira apresentam um espaço caracterizado pela ilegalidade. Dessa forma, uma vez que o problema é a ausência de lei, os últimos governos do Brasil têm adotado como solução a aplicação da lei por meio, sobretudo, da presença de forças policiais e do aumento da vigilância e do controle. De acordo com Ferreira (2012), esta estratégia, se aplicada sob um viés simplista, que deixa de considerar que, mais do que um "paraíso seguro para terroristas", a região abriga mais de 1 milhão de habitantes, impede uma percepção mais clara das verdadeiras ameaças à segurança humana dali provenientes como o tráfico de drogas, armas e pessoas, além do descaminho e do contrabando.

Hoje esvaziada de suas atribuições, a Comissão Permanente para o Desenvolvimento e a Integração da Faixa de Fronteira (CDIF) seria um instrumento importante para o desenvolvimento da faixa de fronteira do Brasil, servindo de interlocutor entre municípios, estados e União (LUDWIG, ESPÓSITO NETO e MARCHINI NETO, 2018). A proposta inicial do Ministério da Integração Nacional era de que isso se daria por meio dos núcleos de fronteira, articulados pela CDIF e implantados nos 11 estados fronteiriços a partir de 2011. Nesse sentido, a iniciativa do Núcleo de Fronteira do Paraná (oficialmente denominado Núcleo Regional para o Desenvolvimento e Integração da Faixa de Fronteira – NFPR), primeiro dos núcleos estaduais criados, já no ano de 2011, com sede nas dependências de Itaipu Binacional, gerou uma expectativa de investimentos, geração de empregos e renda na Tríplice Fronteira. No entanto a experiência foi deixada de lado pelas autoridades no decorrer dos anos e seu papel acabou diminuído.

No tocante às políticas públicas em prol do desenvolvimento das regiões de fronteira, Prado (2013) atenta para a importância dos novos atores, entre eles os governos subnacionais (que no caso da Tríplice Fronteira poderiam estar articulados em torno de organismos como o Núcleo de Fronteira do Paraná, por exemplo) que não podem ser considerados meros sujeitos de direito interno, mas, sim, precisam ser tratados como possuidores de capacidade decisória institucionalizada em seu território.

Considerações finais

As zonas de fronteira do Brasil historicamente são áreas desprovidas de atenção por parte do poder central nacional. Os projetos governamentais desenvolvidos para a Tríplice Fronteira são produzidos desde Brasília, Asunción e Buenos Aires. Dessa forma, os habitantes da região ficam à mercê de projetos que não contemplam as necessidades locais e que na maioria das vezes não possuem um viés de desenvolvimento social e econômico local. Além disso, os estereótipos da fronteira vêm sendo reforçados e difundidos pela imprensa e estão visivelmente presentes nos argumentos que embasam os projetos e iniciativas de governos dos diferentes países da Tríplice Fronteira.

É importante frisar que a ameaça terrorista na Tríplice Fronteira foi criada pelos governos argentinos e estadunidenses e difundida por veículos da grande mídia. Tal ameaça foi um argumento usado para justificar as ações de controle em um ponto estratégico da América do Sul e do Mercosul (principal bloco comercial do subcontinente e quarto maior do planeta). Ainda que a existência de células terroristas na Tríplice Fronteira tenha sido refutada, o argumento acabou gerando consequências práticas, pois o sensacionalismo midiático passou a potencializar políticas de segurança e defesa na região. Além disso, a promoção de uma imagem estereotipada por parte da mídia contribuiu para estigmatizar a realidade fronteiriça. Com isso, as agendas que possibilitariam o desenvolvimento econômico e social passaram a ser relegadas a um segundo plano por parte dos diferentes governos do Brasil a partir de 2011.

Os números do desemprego e da recessão que atualmente atingem Brasil e Argentina indicam que as medidas adotadas pelos governos dos respectivos países têm sido insuficientes para reverter a crise econômica. Os habitantes de zonas de fronteira como a Tríplice Fronteira têm sofrido os impactos da redução das políticas públicas de desenvolvimento social e econômico. Face ao quadro de abandono e de ineficácia do poder público, as parcelas menos favorecidas e menos escolarizadas da população fronteiriça se encontram em situação de vulnerabilidade e expostas a diferentes tipos de violência, bem como à atuação de organizações criminosas que se valem de sua situação para cooptar novos membros.

Considerando que o desenvolvimento e a segurança caminham lado a lado, as políticas de segurança e defesa implementadas na Tríplice Fronteira dificilmente terão eficácia sem que haja uma maior preocupação por parte dos governos dos três Estados nacionais no tocante ao desenvolvimento sustentável e à erradicação da pobreza, o que requer paz e segurança. Sem desenvolvimento sustentável não existirá uma paz sustentável. Políticas de segurança e defesa, por si só, não podem ser o único meio de modificar uma realidade social. As contribuições para a segurança na fronteira não reverteram numa região mais segura, mesmo que vários governos tenham investido nisso. Se não se resolverem as questões econômicas dos países, a Tríplice Fronteira vai continuar com problemas que a caracterizam.

Referências

BÉLIVEAU, V. G. Representação da integração e seus obstáculos: a fronteira do ponto de vista da política. In: MACAGNO, L.; MONTENEGRO, S.; BÉLIVEAU, V. G. *A Tríplice Fronteira: espaços e dinâmicas locais*. Curitiba: EDUFPR, 2011, p. 63-99.

BENTO, F. R. Cidades gêmeas e conurbadas de fronteira: na vanguarda da integração regional. In: PRADO, H. S. D. A.; ESPÓSITO NETO, T. *Fronteiras e Relações Internacionais*. Curitiba: Ithala, 2015, p. 101-114.

BRASIL. *Atlas da violência 2017.* Rio de Janeiro: IPEA/FBSP, 2017. 69 p. Instituto de Pesquisa Econômica Aplicada – IPEA. Rio de Janeiro, 2017, p. 69.

______. *Constituição da República Federativa do Brasil.* Brasília: Casa Civil - Subsecretaria para Assuntos Jurídicos, 1988.

______. *Decreto nº 7.496 – Institui o Plano Estratégico de Fronteiras.* Brasília: Casa Civil - Subchefia para Assuntos Jurídicos, 2011.

______. *Decreto nº 8903 – Institui o Programa de Proteção Integrada de Fronteiras e organiza a atuação de unidades da administração pública federal para sua execução.* Brasília: Casa Civil – Subchefia para Assuntos Jurídicos, 2016.

______. MINISTÉRIO DA DEFESA. Sistema Integrado de Monitoramento de Fronteiras começa a operar em Novembro em Mato Grosso do Sul. *Ministério da Defesa,* 2014. Disponivel em: <https://www.defesa.gov.br/index.php/noticias/14110-centro-de-operacao-do-sisfron-entra-em-funcionamento-no-mato-grosso-do-sul>. Acesso em: 1 março 2019.

BRITZ, E.; CABALLERO, J. *El Paraguay actual:* (2ª parte) 1998-2010. Assunción: El Lector, 2010.

CARDIN, E. G. *Laranjas e Sacoleiros na Tríplice Fronteira: um estudo da precarização do trabalho no capitalismo contemporâneo.* Cascavel: EDUNIOESTE, 2011.

CARNEIRO, C. P. *Fronteiras Irmãs: transfronteirizações na Bacia do Prata.* Porto Alegre: Ideograf, 2016.

CDIF. *A Faixa de Fronteira.* Comissão Permanente para o Desenvolvimento e a Integração da Faixa de Fronteira. Brasília. 2019.

CEPAL. *La ineficiencia de la desigualdad. Síntesis (LC/SES.37/4).* Santiago: Comisión Económica para América Latina y el Caribe (CEPAL), 2018.

CÉSAR, G. R. D. C. Integración productiva Paraguay-Brasil: Nuevos pasos en el relacionamiento bilateral. In: PRADO, H. S. D. A.; ESPÓSITO NETO, T. *Fronteiras e Relações Internacionais*. Curitiba: Ithala, 2015, p. 151-174.

COSTA, M. K. B. *Políticas de segurança e defesa da fronteira brasileira no contexto da integração regional:* os casos das fronteiras Brasil-Paraguai e Brasil-Uruguai. 2017. 210 f. Dissertação (Mestrado) - PPGRI em Política Internacional, Universidade de Brasília (UnB), Brasília, 2017.

CRUZ, T. M. F. A influência da mídia na percepção da violência. *Revista Ordem Pública*, 1, n. 1, 2008.

D'ANGELO, É. F.; SANTOS, M. J. O controle das fronteiras e a violência urbana no Brasil. In: LUDWIG, J. F.; BARROS, L. S. B. *(Re)Definições das Fronteiras: velhos e novos paradigmas*. Foz do Iguaçu: IDESF, 2018, p. 211-222.

DUARTE, É.; MARCONDES, D.; CARNEIRO, C. P. Facing the Transnational Criminal Organizations in the South Atlantic. In: DUARTE, É.; BARROS, M. C. D. *Maritime Security Challenges in the South Atlantic*. Cham: Palgrave Macmillan, 2019, p. 11-40.

FEC/IMVF. *Segurança e Desenvolvimento*. Lisboa: FEC - Fundação Fé e Cooperação e IMVF - Instituto Marquês de Valle Flôr, 2017.

FERREIRA, M. A. S. V. Terrorismo: debate em torno da presença do Hezbollah na Tríplice Fronteira. In: MEDINA, C. *Fronteiras latino-americanas: geopolítica do século XXI*. São Paulo: Fundação Memorial da América Latina, 2012, p. 41-64.

GRIMSON, A. Cortar puentes, cortar pollos: conflictos económicos y agencias políticas en Uruguayana (Brasil)-Libres (Argentina). In: OLIVEIRA, R. C.; BAINES, S. G. *Nacionalidade e etnicidade em fronteiras*. Brasília: EDUnB, 2005, p. 21-54.

GRUPO RETIS/MI. Proposta de Reestruturação do Programa de Desenvolvimento da Faixa de Fronteira. Bases de uma política integrada de desenvolvimento regional para a faixa de fronteira. Brasília: IICA-OEA / Ministério da Integração Regional, 2005.

IBGE. *Pesquisa Nacional por Amostra de Domicílios Contínua (PNAD).* Instituto Brasileiro de Geografia e Estatística. Rio de Janeiro, 2018.

IDESF. Contrabando: crime sem fronteiras. *IDESF:* Instituto de Desenvolvimento Econômico e Social de Fronteiras, Foz do Iguaçu, 2 dez. 2016. Disponível em: <http://www.idesf.org.br/2016/12/02/contrabando-crime-sem-fronteiras/>. Acesso em: 26 jan. 2019.

______. *O Custo do Contrabando.* Foz do Iguaçu: Instituto de Desenvolvimento Econômico e Social de Fronteiras, 2015.

KLEINSCHMITT, S. C. O que as políticas de controle para as fronteiras brasileiras e o projeto maquila do Paraguai têm em comum? *Século XXI: Revista de Relações Internacionais,* Porto Alegre, 7, n. 2, dez. 2016, p. 111-130.

LAMOSO, L. P. Segurança pública nas fronteiras de Mato Grosso do Sul. In: PRADO, H. S. D. A.; ESPÓSITO NETO, T. *Fronteiras e Relações Internacionais.* Curitiba: Ithala, 2015, p. 213-238.

LE MONDE. *Le bilan du monde: La situation économique internationale.* Paris: Le Monde, 2011.

LUDWIG, F. J.; ESPÓSITO NETO, Í.; MARCHINI NETO, D. Dinâmicas securitárias nas fronteiras da América do Sul. In: LUDWIG, F. J.; BARROS, L. S. *(Re)Definições das Fronteiras: velhos e novos paradigmas.* Foz do Iguaçu: IDESF, 2018.

MACHADO, L. O. Estado, territorialidade, redes: Cidades gêmeas na zona de fronteira sul-americana. In: SILVEIRA, M. L. *Con-*

tinente em chamas: Globalização e território na América Latina. Rio de Janeiro: Civilização Brasileira, 2005, p. 243-284.

MORENO, J. A. P. La política de defensa y seguridad en Paraguay. In: CARVALHO, L. A.; VERA, C. G.; PEÑA, J. C. *Segurança e defesa na América Latina.* Curitiba: Juruá, 2009, p. 285-292.

OXFAM BRASIL. *País estagnado: um retrato das desigualdades brasileiras 2018.* Conselho Deliberativo da Oxfam Brasil. São Paulo, 2018, p. 69.

PAGLIARI, G. D. C. *O Brasil e a segurança na América do Sul.* Curitiba: Juruá, 2009.

PINHEIRO-MACHADO, R. *Made in China: (in)formalidade, pirataria e redes sociais na rota China-Paraguai-Brasil.* São Paulo: Hucitec, 2011.

PNUD. Paraguay se integra al grupo de países de Desarrollo Humano Alto. *Comunicado de Prensa ONU/PNUD,* New York, 2018.

PRADO, H. S. D. A. *Inserção dos atores subnacionais no processo de integração regional: o caso do Mercosul.* Dourados: EDUFGD, 2013.

RABOSSI, F. Árabes e muçulmanos em Foz do Iguaçu e Ciudad del Este: notas para uma re-interpretação. In: SEYFERTH, G., et al. *Mundos em Movimento: Ensaios sobre migrações.* Santa Maria: EDUFSM, 2007, p. 287-312.

RABOSSI, F. Negociações, associações e monopólios: a política da rua em Ciudad del Este (Paraguai). *Etnográfica,* 1, n. 15, fev 2011, p. 83-107.

SCHERMA, M. A. Políticas de defesa e segurança para as fronteiras nos governos Lula e Dilma. *Boletim de Economia e Política Internacional,* Brasília, n. 22, Jan/Abr 2016, p. 65-77.

SILVA, M. A.; COSTA, A. B. A Tríplice Fronteira e a aprendizagem do contrabando: da "era dos comboios" à "era do crime organizado". In: BARROS, L.; LUDWIG, F. *(Re)Definições de fronteiras: velhos e novos paradigmas*. Foz do Iguaçu: IDESF, 2018.

SILVA, M. A.; DOLZAN, R. R.; COSTA, A. B. O custo triangular: reexportação e descaminho nas relações Brasil-Paraguai. In: BARROS, L.; LUDWIG, F. *(Re)Definições das Fronteiras: os desafios para o século XXI*. Foz do Iguaçu: IDESF, 2019.

TEIXEIRA, C. A. *Violência e poder em Mato Grosso do Sul: a problemática das "execuções sumárias" nos crimes contra a vida na região de Dourados e fronteira com o Paraguai (1989-1997)*. 2002. 140 f. Dissertação (Mestrado) - Programa de Pós-Graduação em História, Universidade Federal do Mato Grosso do Sul, Dourados, 2002.

UNIGARRO, D. E. *Los límites de la triple frontera amazónica: encuentros y desencuentros entre Brasil, Colombia y Perú*. Bogotá: Universidad Nacional de Colombia, 2017.

UNILA. *Número de estudantes por nacionalidade. Universidade Federal da Integração Latino-Americana*. Foz do iguaçu, 2018, p. 3.

YEGROS, R. S.; BREZZO, L. M. *História das Relações Internacionais do Paraguai*. Brasília: FUNAG, 2013.

7.

Nueva perspectiva de política pública fronteriza: el comité de integración Foz-Puerto Iguazú

Ana María Chiani

La Triple Frontera entre Brasil, Argentina y Paraguay, espacio de confluencia e intersección de Foz do Iguaçu, Puerto Iguazú y Ciudad del Este, tres ciudades pertenecientes respectivamente a los tres países, tiene entidad en tanto "región", en sentido sociológico, construida por las representaciones simbólicas de los habitantes de las tres localidades, que muchas veces no coinciden con los límites jurídicos-territoriales ni con las representaciones externas de quienes no hacen de la frontera su hábitat cotidiano.* Estas regiones de fronteras pueden ser un entorno propicio para la generación de mecanismos de cooperación e integración fronteriza, dado la posición estratégica que las convierte en núcleo prioritario y en eje facilitador del proceso de integración regional.

A partir de los impulsos democratizadores en los países sudamericanos, se fue avanzando en este sentido, y se fueron creando distintos dispositivos tales como instancias técnicas, en formas de comisiones, grupos, comités, ratificación de tratados y acuerdos internacionales bi y trilaterales entre Brasil, Argentina y Paraguay. Pero no hay una política coordinada que establezca reglas únicas de solución a las demandas y problemas fronterizos comunes a las tres ciudades y una participación activa de las poblaciones fronterizas.

Por tanto, consideramos necesaria la revisión de la noción de frontera que permita un debate que quizás interpele a los gobiernos centrales sobre la necesidad de la implementación de políticas públicas fronterizas. En este sentido, en un primer momento propondremos una breve reflexión sobre la categoría "frontera" y la importancia de redefinir sus nociones *desde* la frontera, *desde* la construcción realizada por las poblaciones locales, que pongan en tensión la concepción centralista impuestas por los Estados nacionales.

En segundo lugar debatiremos algunos argumentos y asociaremos reflexiones en torno a política pública, política pública fronteriza y las competencias de los diferentes actores estatales y no estatales a la hora de elaborar y ejecutar las políticas públicas en estas zonas. Se abordará la "gobernanza" lo que lejos de oponerse a la gobernabilidad la complementa y colabora o compite con ella.

En las zonas fronterizas que involucran territorios de dos o más países, como es el caso de la Triple Frontera, los límites jurídicos-territoriales muchas veces se desdibujan producto de las configuraciones y reconfiguraciones más o menos espontáneas por parte de sus pobladores, las cuales mayormente no son ni promovidas ni reconocidas por los Estados. Y, muchas veces, las relaciones informales y los acuerdos tácitos que se generan entre las entidades locales fronterizas y/o actores de la sociedad civil anteceden o contribuyen a la transformación de las políticas públicas.

Finalmente, intentaremos arribar a algunas conclusiones, si bien provisorias, constructivas de un nuevo sentido que pueden aportar a los viejos Comités de Frontera y actuales Comités de Integración (a principios de la década de los años 2000 se cambia la denominación con el fin de superar la visión de que en los mismos sólo se trataban cuestiones vinculadas con lo estrictamente fronterizo y que refleje la ampliación de los objetivos y logros alcanzados). En este sentido, analizaremos, el funcionamiento a lo largo de los últimos cuatro años del Comité de Integración Foz do Iguaçu-Puerto Iguazú.

Definiciones y sentidos de la categoría "frontera"

Como plantean numerosos autores, el concepto de frontera es un concepto complejo, que está en constante cambio y es de difícil definición. Varía, muta, se redefine según la disciplina – Antropología, Sociología, Geografía, Ciencia Política, Relaciones Internacionales – que sea abordado, y según el significado que le dan diferentes actores (autoridades nacionales, regionales o locales, diplomáticos, militares, miembros de comunidades nativas) de acuerdo a sus profesiones, historias, vivencias culturales, identitárias, su cotidianidad y modo de vivir la frontera.

Desde la visión clásica, reflexionar sobre la frontera política implica plantear el binomio frontera-Estado ya que no puede haber Estado sin frontera, ni frontera sin Estado y estamos por tanto ante la presencia de un territorio y una población determinada sobre los cuales el Estado ejerce su poder. La noción de frontera política originalmente surge como límite o línea divisoria para demarcar la extensión y separación de dos o más territorios contiguos, sobre los cuales dos o más Estados ejercen una soberanía plena.

En este sentido, "las fronteras se establecieron para cerrar o proteger tanto al territorio como a la población de una determinada comunidad, imperio, nación o Estado" (BUSTAMANTE, 1998, p. 153). Si bien las fronteras pueden ser naturales (montañas, mares, ríos, etc.), son un producto artificial de una negociación, consenso o firma de un tratado internacional. Es decir, la noción de frontera tiene una connotación fundamentalmente jurídica y aparece inicialmente ligada a la seguridad nacional y si bien hoy en día esto continúa, no obstante, desde hace varias décadas, producto de las dinámicas económicas, políticas, migratorias, sociales y culturales que se vienen desarrollando en cada frontera, se ha producido una ampliación del concepto que supera o complementa aquella acepción identificada tradicionalmente.

Por tanto, es dable preguntarse si las fronteras pueden y deben también ser entendidas como zonas de aproximación, intercambio, interacción, de diversas y complejas relaciones entre pueblos y naciones, separados por una línea divisoria, que determina la separación de soberanías pero que son asimismo espacios propicios para el desarrollo de un escenario de cooperación e integración en el creciente mundo internacionalizado y globalizado. Así, muchos autores han planteado que es importante entender al fenómeno fronterizo a partir de dos nociones que se entrecruzan: la de linealidad o línea limítrofe (en inglés *border*) y la de zonalidad o frontera (en inglés *frontier*), incluso desde la geografía distinguen borde, límite y frontera y han explicado sus diferencias. Pero creemos que además de las diferenciaciones y definiciones teóricas, hay dos conceptos de frontera que deben ser discernidos y puestos en discusión.

Desde nuestro punto de vista, dar significado a la frontera implica plantearla en clave de tensiones: en este caso la tensión se produce entre una concepción jurisdiccionalmente política-administrativa construida de frontera (desde la mirada estato-céntrica soberana) y la realidad vivida "en" la frontera (desde la mirada dinámica de las necesidades sociales de las poblaciones fronterizas). Es decir, que nos encontramos ante territorialidades institucionalizadas en materia político-administrativa fijadas por los Estados que, en algunas ocasiones, obstaculizan y contradicen la praxis cotidiana, la experiencia situada – o sea, *desde* la propia frontera – de las personas que la habitan.

Concepción político-administrativa

Históricamente, las decisiones nacionales (tomadas desde las capitales) escapan a la realidad de los espacios fronterizos y los conciben como un componente importante de la geopolítica nacional. La mirada por parte de los Estados del Cono Sur casi siempre se encuentra ligada a intereses geopolíticos realistas (de seguridad nacional y defensa) y las acciones propuestas giran en torno a esta dimensión. Y el caso de los países que integran la Triple Frontera no escapa a esta lógica.

Indagando las legislaciones, en clave comparativa, en búsqueda de una definición se puede deducir que no hay un criterio unívoco en la definición jurídica adoptada por los tres países respecto al criterio utilizado de "franja fronteriza" o "faixa de fronteira" en portugués.[1] Como plantea Furtado (2015, p. 83), "a faixa de fronteira é entendida como uma área legalmente estabelecida pelo Estado para direcionar um tratamento político diferenciado em relação ao restante do país".

En Suramérica, esta franja, cuando es adoptada, varía de dimensión conforme a su naturaleza. En Argentina, según el Decreto-Ley n.º 15.385/44 y su modificatoria la Ley n.º 18.575/70, fue creada "la Zona de Seguridad de Fronteras como una franja de territorio adyacente al límite internacional donde el Estado Nacional es responsable de coordinar políticas públicas de seguridad y defensa" (ARGENTINA, 1944; 1970; 2018). A su vez

1 Vale aclarar que hemos indagado infructuosamente las páginas oficiales y no hemos encontrado otras conceptualizaciones más allá de las jurídicas.

la Ley n.º 18.575/70 estipula que, con el objetivo de "promover el crecimiento sostenido del espacio adyacente al límite internacional de la República", se considerará Zona de Frontera para el desarrollo. Actualmente con el Decreto n.º 253/2018 se unifican los límites de la Zona de Frontera para el Desarrollo y de la Zona de Seguridad de Fronteras y al igual que en las anteriores modificatorias se refuerza la ligazón de la franja a la defensa nacional. En la legislación de 1944 (Decreto-Ley n.º 15.385), respecto al ancho no establece un tamaño fijo pero sí un "tope":

> El ancho de las zonas de seguridad será variable y el Poder Ejecutivo lo fijará según la situación, población, recursos, e intereses de la defensa nacional, no pudiendo exceder en ningún caso el máximo de ciento cincuenta (150) kms. en la frontera terrestre, cincuenta (50) kms. en la marítima y treinta (30) kms. en las zonas del interior. En los centros urbanos será objeto de una regulación especial (Art. 2°).

En la Constitución Nacional de 1853 y, en su reforma de 1994, no se hace alusión y solo plantea como atribuciones del Congreso "proveer a la seguridad de las fronteras" (Art. 75°). En el caso de Brasil, la extensión de la franja de frontera es definida desde la Constitución de 1891 y su principal instrumento jurídico actual es la Ley n.º 6.634/79 que considera como "área indispensable a la Seguridad Nacional la franja interna de 150 km (ciento cincuenta kilómetros) de ancho, paralela a la línea divisoria terrestre del territorio nacional, que será designada como Rango de Frontera" (Art. 1°). Esta definición fue ratificada por el Decreto n° 85.064/80 y por la Constitución Federal de 1988 (Art. 20° y 91°).

En Paraguay, por su parte, no hay mención en las distintas Constituciones y recién en 2005 por Ley n.º 2.532 establece "como zona de seguridad fronteriza la franja de 50 kilómetros adyacente a las líneas de frontera terrestre y fluvial dentro del territorio nacional" (PARAGUAY, 2005). En síntesis, se puede concluir que Paraguay y Brasil se circunscriben a delimitar la franja de frontera, mientras que Argentina no establece un ancho fijo y equipara la zona de frontera como zona de seguridad. Los tres países continúan poniendo el foco en la seguridad y defensa.

Concepción político-sociológica

La integración de la región no puede pasar por la comprensión de la zona, por parte de los Estados, solo como ligada a criterios de defensa nacional. De acuerdo con Silvia Montenegro (2007, p. 20), "los problemas de la integración se vinculan con las circulaciones cotidianas, con las tematizaciones que los actores realizan sobre los contornos nacionales y sobre las restricciones y la fluidez de sus intercambios". Las regiones tienen una dinámica propia y se van construyendo y transformando constantemente a raíz de diferentes procesos de interacción política, económica, social y cultural. Las relaciones que surgen en las fronteras se derivan de la circulación de personas, de bienes y servicios a través de las mismas, perfilando de este modo dentro de cierto espacio territorial: lo fronterizo.

Este espacio es producto de una continua y sostenida construcción social, dando sentido a su existencia a través de las relaciones sociológicas que se generan entre espacios también sociológicamente definidos (especialmente entre Estados nacionales). Es así que los diferentes actores que habitan y hacen las fronteras, como sostiene Montenegro (2007, p. 19):

> crean espacialidades que, si bien tienen en cuenta los confines estatales, los trascienden proponiendo otras maneras de organizar el espacio. Estas formas no compiten abiertamente con los estados nacionales, sino que se superponen a éstos, a través de lógicas de construcción del espacio que por momentos refuerzan los anclajes nacionales y por momentos los impugnan.

Tradicionalmente, tanto estos países como el resto de los miembros del Mercosur, al restringir sus fronteras a una franja o zona de seguridad, desconocieron la realidad viva de las fronteras. Consecuentemente, inhibieron toda posibilidad de llevar adelante programas y proyectos de cooperación e integración en esas regiones fronterizas mediante la implementación de políticas públicas fronterizas. En la actualidad, logramos contabilizar 17 mecanismos creados de integración y cooperación (12 de ellos son bilaterales)[2] en la Triple Frontera. Pero no hay

---

2 *Brasil-Paraguay:* Acta de Iguazú (1966), Tratado de Itaipú (1973), Tratado de Amistad y Cooperación Brasil-Paraguay (1975), Comité de Integración Fronteriza Foz do Iguaçu-Ciudad del (1978); *Brasil-Argentina:* Declaración de Iguazú (1985), Tratado de Integración, Cooperación y Desarrollo (1988), Comité de Integración Fronteriza Foz del Iguazú-Puerto Iguazú (1988), Comisión Mixta de Cooperación Técnica (1996), Comisión de Cooperación y Desarrollo Fronterizo - CODEFRO - (1999), Acuerdo sobre Localidades Fronterizas Vinculadas (2005), Acuerdo de Facilitación Turística (2009); *Argentina-Paraguay:* Comisión de Coordinación Política e Integración Argentino-Paraguaya, (1989); *Brasil-Argentina-Paraguay:* Acuerdo Tripartito de coordinación técnico-operativa para el aprovechamiento hidroeléctrico de Itaipú y Corpus (1979), Acta de Puerto Iguazú que crea Comando Tripartito (1996), Acuerdo para la Seguridad en la Triple Frontera (1996), Acuerdo Trilateral del Circuito Turístico de la Triple Frontera (2007), Memorando de Entendimiento para asistencia a las mujeres migrantes y en situación de violencia (2009).

una política concertada con reglas específicas que den solución a las demandas sociales y a los problemas fronterizos comunes y propios de las ciudades de Foz do Iguaçu, Puerto Iguazú y Ciudad del Este. Y se da la situación que las poblaciones fronterizas tienen escasa o nula participación en las instancias creadas por los gobiernos nacionales, cuando es fundamental su inclusión en el debate sobre el territorio en cuestión. Es decir, desde una lógica *bottom up*, integrar desde el ciudadano, de actores sociales no gubernamentales y autoridades políticas más cercanas al ciudadano.

Por lo expuesto, creemos que las fronteras no son vistas como un espacio *desde* donde también debe pensarse la integración regional. Por el contrario, muchas veces los Estados y sus instituciones plantean políticas alejadas de la realidad fronteriza y refuerzan la idea de fronteras que "separan" países vecinos. Claro ejemplo de esto es el intergubernamentalismo que rige en el Mercosur y las trabas, que este proceso reforzó, a la movilidad cotidiana de las poblaciones fronterizas, entre otras. Por eso consideramos que hay otra forma de concebir la frontera y es *desde* la frontera que "une" relaciones interculturales de poblaciones de países vecinos y como espacio apropiado por las comunidades fronterizas que con sus praxis producen sus propias construcciones simbólicas y representaciones colectivas. Y *desde* donde deben diseñarse las políticas públicas que persigan por ejemplo la integración solidaria como objetivo hasta una integración regional que abarque una construcción mucho más amplia.

Política de frontera: elementos de política pública

Definir qué es política pública no es tarea sencilla y menos luego de la lectura de alrededor de decenas de definiciones, algunas similares, pero otras con nociones muy diferentes. Y más complicado aun cuando se pretende hallar una concepción sobre políticas públicas acorde para su análisis en las fronteras. Es por esto que en este trabajo nos limitaremos a plantear los elementos que, según nuestro criterio, deben contener, a priori, una definición de políticas públicas.

En los trabajos sobre política pública y, más específicamente política públicas en América Latina, se hace referencia a un estudio/uso/desarrollo mucho más reciente que la de los países anglosajones. El tema surge en Estados Unidos en la década de los 1950, y se refuerza la idea de que su estudio/análisis es académico y no una acción/puesta en marcha habitual de los gobiernos que componen al Estado. Decimos esto, que para algunos sería muy claro, pero muchas veces no lo es y se confunden ambos conceptos. Y asimismo lo aclaramos porque también se hace referencia todo el tiempo o está en el ideario popular que para que las políticas sean públicas los gobiernos deben pasar, pero las políticas quedar o mantenerse más allá de las administraciones de turno.

Una política pública implica un conjunto de acciones y decisiones deliberadas por parte del Estado (gobierno), sostenidas en el tiempo, lo que la diferencia de simples medidas aisladas y momentáneas, con el objetivo de transformar la realidad mediante metas y objetivos. Además, involucra un conjunto de actores (individuos, grupos u organizaciones) en un momento y espacio determinado (VARGAS, 2008). Asimismo, cuando el Estado (gobierno) no toma posición y omite tomar decisiones, en realidad está también tomando posición. Y creemos que es el caso de los gobiernos de los Estados que conforman la Triple Frontera. Por otro lado, es importante – lo que lo hace más difícil aún – que se apliquen políticas públicas nacionales y regionales específicas para las zonas fronterizas en general, y cada zona fronteriza en particular. Ante esto nos preguntamos

¿qué acuerdos se deben arribar para formular políticas públicas en zonas de fronteras?

En un primer momento es importante que los países involucrados concierten una misma concepción de territorio y frontera (como espacio diferenciado del resto), y que la misma no sólo se limite a una política de defensa y seguridad, sino que promueva una gestión integral del desarrollo de esa zona. Por tanto, requiere esfuerzos conjuntos de los entes nacionales y de sus análogos en los demás países, ya que implica hacer frente a cuestiones de soberanía, de adecuación de ordenamientos jurídicos, cuestiones económicas, sociales e incluso culturales.

A su vez, es vital que los gobiernos nacionales elaboren formatos de modelos de gobernanza que atiendan a las particularidades de cada región para lograr una articulación armónica con el resto de su respectiva nación y para impulsar la cooperación e integración fronteriza. El gobierno nacional, así como los gobiernos provinciales (estaduales o departamentales), deben apoyar las políticas propuestas por las escalas locales (ciudades/municipios) con la participación de las comunidades locales para lograr la efectividad de las políticas públicas en las zonas de fronteras y, por consiguiente, promover el desarrollo local integrado.

Por consiguiente, las políticas públicas fronterizas deben ser concebidas, en un sentido amplio, como diferenciadas del resto de los espacios estatales y deben fundamentarse en un cúmulo de normas, decisiones y acciones diseñadas e implementadas por los agentes e instituciones de los distintos niveles de los Estados en éste caso, Argentina, Brasil y Paraguay, para hacer frente a los problemas y demandas sociales, económicas, políticas de los habitantes de esa zona con el fin de promover tanto la gestión del territorio como la gestión del desarrollo en esa área.

Ausencia de acuerdos entre los actores

Como señalamos anteriormente, la frontera es algo más que esa línea que separa unidades políticas soberanas. Es un espacio que carece de límites definidos y donde se produce una interacción constante entre sus habitantes, quienes traspasan continuamente los límites políticos, re-creando y re-configurando sus propios límites de modo más o menos espontáneo y creando así una red social entre ellos.

Las fronteras del Cono Sur y, en particular, la Triple Frontera son espacios interestatales donde se concentran las relaciones entre poblaciones locales y el accionar de las diferentes instancias de gobierno (local y nacional)[3] y Estados. Lo cual provoca que haya competencias compartidas, pero al mismo tiempo vacíos y superposiciones competenciales (RHI SAUSI e ODDONE, 2008).

En este sentido, es importante pensar el desarrollo regional vinculado a la idea de gobernanza que posibilite "la participación de diferentes actores gubernamentales y no gubernamentales preocupados por las cuestiones locales y dispuestos a fomentar y ejecutar un conjunto de tareas que permitan una mejor condición de vida para los habitantes de la Triple Frontera como un todo" (CARDIN, 2009, p. 167). Como plantea Rosenau, (1992, p. 4):

> Gobernanza no es sinónimo de gobierno. Ambos se refieren al comportamiento intencional, a las actividades orientadas a objetivos, a los sistemas de gobierno; pero el gobierno sugiere actividades respaldadas que

---

3 Se entiende en este trabajo por "gobierno local" a todas las instancias gubernamentales no centrales. Se agrupan bajo el concepto de "local" tanto al gobierno de las ciudades o municipios como a los gobiernos intermedios – provincias o departamentos, regiones o estados federados, etc. (GARESCHÉ, 2007).

> estén sostenidas por una autoridad formal, por poderes policiales para asegurar la implementación de políticas debidamente constituidas, mientras que la gobernanza se refiere a actividades respaldadas por objetivos compartidos, que pueden o no derivar de responsabilidades legales y formalmente prescritas y que no necesariamente dependen de los poderes policiales para superar el desafío y lograr el cumplimiento. La gobernabilidad, en otras palabras, es un fenómeno más abarcador que el gobierno. Comprende las instituciones gubernamentales, pero también mecanismos informales, no gubernamentales, por medio de los cuales las personas y organizaciones dentro de su ámbito avanzan, satisfacen sus necesidades y responden a las demandas.

Por consiguiente, la elaboración o ejecución de políticas fronterizas requiere de la concertación entre lo local y lo nacional, pero entre estos dos niveles suelen predominar, más bien, los desencuentros. Según Socorro Ramírez Vargas (2013, p. 283),

> es frecuente encontrar que, cuando los Estados hablan de políticas fronterizas, en realidad se refieren a estrategias de defensa del territorio, la soberanía, la seguridad, la economía y los intereses nacionales, el orden público, la circulación de las personas y los bienes. Pero, vistas desde la perspectiva local, tales estrategias tienden a desconocer y diluir la 'particularidad' de cada zona fronteriza, a la cual, por el contrario, recurren a veces las distintas poblaciones con el fin de obtener objetivos políticos y económicos, difíciles de lograr si no se hace patente su especificidad.

Existen innumerables temas y problemas (seguridad, económicos, ambientales, de salud, de infraestructura, etc.) de uno y otro lado de la frontera que se deben resolver y coordinar para el desarrollo armónico de los territorios contiguos mediante instrumento adecuados. Como, por ejemplo, es la cooperación transfronteriza, concebida como un tipo de cooperación descentralizada, dado que se lleva a cabo entre autoridades locales de un lado y otro de la frontera nacional, a la par de una política diseñada por el Estado nación para áreas puntuales como es el tratamiento diferenciado de territorios singulares como lo son las fronteras (gobernanza multinivel).

Sin embargo, el Estado está desdibujado que muchos prefieren hablar de un "Estado ausente", o en todo caso, la política pública tácita del Estado nacional es de una "ausencia planificada", o su involucramiento se produce luego del desarrollo de experiencias informales, en las zonas de frontera. Es así que las ciudades se ven en la "necesidad" de generar redes, mecanismos y prácticas cooperativas para resolver problemas emergentes y urgentes. A ello se suma la actitud muchas veces pasiva del Estado en su nivel provincial/estadual que asume la actitud de observador o una posición neutral a ese nuevo cúmulo de acciones de ciudades. Estas, además de participar de la realidad territorial fronteriza, muchas veces no alcanzan la escala demográfica, económica, financiera, política y aún institucional necesaria como para encarar con solvencia y eficacia la planificación de sus acciones internacionales.

En estas zonas la presencia del Estado y sus políticas han sido débiles, tardías o inexistentes. Las instituciones estatales han tenido una deficiente penetración provocando que surjan instituciones paralelas para compensar y/o sustituir a las mismas. En ciertas ocasiones, ocurre hasta una competición con el Estado y hay una desarticulación entre los distintos niveles administrativos del propio Estado. De este modo, las poblaciones han conservado o desarrollado sus propias dinámicas sociales, culturales y económicas, que cuestionan muchas veces el alcance de la cultura nacional o la efectividad de las regulaciones sociales, económicas y migratorias que se imparten desde el centro.

Los habitantes fronterizos cruzan la frontera para vender sus productos o para hacer compras, como también cruzan para ir al hospital, visitar a un pariente o ir a la escuela. Interactúan y cooperan basados en la cercanía y en los lazos de amistad, parentesco o conocimiento mutuo, sin ser conscientes de su pertenencia a uno u otro país y de que muchas prácticas que desde afuera son calificadas como "ilegales" como el contrabando, no lo son para ellos.

Es así que surge una cooperación, espontánea e informal, ya que no se enmarca en una acción concertada e institucionalizada de los gobiernos, o en acuerdos o tratados suscritos por sus respectivas Cancillerías, sino que se genera por la necesidad de suplir carencias o para intercambiar bienes y servicios con las localidades análogas de los países vecinos, debido a la condición marginal y distante de muchas zonas fronterizas. Las zonas de fronteras se caracterizan por ser zonas aisladas y alejadas de los centros dinámicos y de decisiones de los gobiernos nacionales; con escaso y desigual desarrollo económico-social en relación con otras zonas de los propios países; concebidas sin instituciones idóneas ni poder suficiente para promover decisiones que impulsen el desarrollo local.

Es importante también remarcar que las fronteras no son uniformes. Cada una presenta particularidades en lo físico, social, económico, político, cultural, y son esas especificidades que se deben tener en cuenta en el momento de plantear acciones y políticas. Cada frontera es única y producto de su problemática, de "la diversidad de las variables que la componen y en el distinto grado de articulación e integración interna (con el propio país) y externa (con el país vecino) existente" (OLIVEROS, 2002, p. 4).

Asimismo, los límites divisorios en las fronteras no son fijos o rígidos, suelen ser los que sus mismos pobladores les atribuyen en su vivir cotidiano, que no siempre coinciden con las situaciones programadas por los gobiernos centrales. Desde realizar el trámite de identidad nacional o ir a vacunarse o, incluso asistir a la escuela se efectúa, más allá de los límites, donde resulte más accesible. Es habitual por tanto que las políticas fronterizas estén dirigidas desde los Estados centrales y busquen regular la vida local, mediante imposiciones alejadas de la realidad fronteriza, y entonces suelan ser percibidas, más bien, como medidas que destruyen la integración espontánea e informal de sus vecinos. Los procesos de integración regional como el Mercosur o de integración física como la Iniciativa para la Integración de la Infraestructura Regional Suramericana (IIRSA), en ocasiones, descuidan o subestiman las realidades locales y limitan las actividades frecuentes de estas poblaciones o bien fracturan sus territorios.

Es fundamental que los diferentes niveles de gobiernos y los países fronterizos emprendan políticas conjuntas (con la participación de las comunidades locales) para evitar obrar aislado o una superposición de competencias y así lograr un mayor fortalecimiento y progreso de esas zonas aisladas pero vitales por su posición estratégica en todo proceso integracionista. En el caso específico de Brasil, Argentina y Paraguay, si tomamos como base que las políticas públicas dependen de un conjunto de acciones (o inacciones) de gobierno que se reproducen durante un cierto tiempo, a *prima facie* podemos plantear que no hay políticas públicas de integración fronteriza coordinadas por los actores de los tres países. Pero, a modo de excepción, planteamos que el sostenimiento de los Comités de Integración que siguen funcionando desde su creación – si bien son bilaterales – podría ser considerado la única política pública en la región, las que, por su continuidad, podrían ser caracterizadas como "política de Estado".

Comités de integración

Si bien los Comités de Frontera en el Cono Sur surgen a partir del año 1985, el primer antecedente es el Comité Permanente de Frontera Ciudad Presidente Stroessner (hoy Ciudad del Este) – Foz do Iguaçu, entre Paraguay y Brasil, conocido bajo la sigla Copefron, que se constituyó el 3 de octubre de 1978. Dicha creación se plasma en el Acuerdo 1.4 de la Segunda Reunión de los Organismos de Aplicación del "Convenio sobre Transporte Internacional Terrestre" realizada entre ambas ciudades en junio de 1977 y se ratifica en la Tercera Reunión en junio de 1978. Según el Reglamento de las Reuniones del Comité, sus objetivos son:

> a) el cumplimiento de lo establecido en el punto 1.4 de las Actas de la Segunda y Tercera Reunión de los Organismos de Aplicación del Convenio, citado en el Art. 1, cuyo documento forma parte integrante de este Reglamento.
> b) Las recomendaciones surgidas de las sucesivas reuniones de los Organismos de Aplicación del Convenio entre Paraguay y Brasil.
> c) Asegurar la eficiencia y agilidad para el tráfico automotor, mediante la aplicación de normas administrativas estandarizadas en ambas zonas fronterizas.
> d) Promover el intercambio oportuno y permanente de informaciones relacionadas al movimiento general producido en la frontera.

> e) Alentar y apoyar la cooperación, asistencia técnica y científica de organismos especializados de ambós países, asimismo, de terceros países (Art. 5).

Instituido por los regímenes militares de Brasil y Paraguay, la función principal consistía en agilizar el tráfico automotor en el Puente de la Amistad y promover el intercambio de información sobre la movilidad en la frontera. Dicho Comité dejó de funcionar, pero no sabemos a ciencia cierta desde cuándo, ya que no hemos encontrado datos ni en los Ministerios de Relaciones Exteriores de ambos países ni en las Embajadas, Consulados y Municipalidad de las dos ciudades involucradas.

Posteriormente, a partir de 1985, se fueron instalando otros Comités de Frontera.[4] Todos mediante mecanismos bilaterales suscritos por los gobiernos nacionales, en lugares donde se daba el asentamiento previo de sedes consulares en consonancia así con su función de facilitación. "El origen de creación de los Comités basado en acuerdos diplomáticos suscriptos por Presidentes o Ministros de Relaciones Exteriores les otorga un status nacional e internacional de lo cual se desprende su capacidad de

---

4 Es importante mencionar que a partir de 1985, la firma del Acta de Foz do Iguaçu que institucionalizó la inauguración del Puente Internacional de la Fraternidad Presidente Tancredo Neves, entre Foz do Iguaçu y Puerto Iguazú, marca un cambio en las relaciones integradoras y cooperativas bilaterales entre Brasil y Argentina, ampliando los diálogos sobre integración y cooperación en la Triple Frontera. La Declaración precursora de otros mecanismos de integración y cooperación, tales como el Acta para la Integración Brasileño-Argentina, de 1986, y el Tratado de Integración, Cooperación y desarrollo Brasil-Argentina, de 1988, fueron los antecedentes que propiciaron la creación de un proceso de integración más amplio: el Mercosur (MARQUEZ, 2017).

convocatoria y la competencia que hacen eficaz el desempeño de sus funciones" (VALENCIANO, 1989, p. 9).

Según Recondo (1988, p. 35), ex Coordinador de los Comités de Fronteras paraguayo-argentinos, "son organismos oficiales integrados por representantes del sector público que tienden a promover la cooperación y el desarrollo regional en las subregiones o áreas de frontera y a proporcionar soluciones ágiles y pragmáticas a los problemas del tráfico fronterizo". Los objetivos principales se pueden resumir en los siguientes:

> A - La promoción del desarrollo de áreas de integración fronteriza: intensificación del intercambio económico, cultural, turístico, deportivo, artístico, científico, sanitario, agrícola-ganadero, de las comunicaciones, etc.
> B - La constitución de un foro para el tratamiento de los problemas y conflictos fronterizos: que intenta esclarecer el camino de las opciones que eventualmente se pueden ejercer en materia de decisiones políticas y jurídicas, y canalizar las diversas iniciativas a los respectivos órganos y poderes cuando exceden el marco jurisdiccional de los comités.
> C - La regularización operativa del tráfico de personas, vehículos y mercaderías.

Si bien tuvieron un origen limitado a resolver problemas derivados del transporte internacional, a medida que iban surgiendo otros problemas zonales, y a partir de los requerimientos de las poblaciones fronterizas, se fueron incorporando nuevos temas como económicos, sanitarios, culturales, agrícolas-ganaderos, etc.

En el Cono Sur se desarrollaron en la década del 1980 y 1990 del siglo XX la mayoría de los Comités y, luego en el siglo XXI, se crearon algunos más. En la actualidad existen Comités de Integración entre los siguientes países: Argentina-Paraguay (1985); Argentina-Uruguay (1986); Brasil-Paraguay (1987); Argentina-Chile (1987); Argentina-Bolivia (1987); Argentina-Brasil (1989).[5] Vale aclarar que a excepción de los Comités entre Argentina y Chile que son acuerdos a instancias de regiones y provincias, el resto son a nivel de municipios.

En la mayoría de los casos, la estructura de los Comités está establecida por reglamento y el modo de funcionamiento puede variar de acuerdo a lo planteado en cada uno de ellos. Al comenzar a funcionar se instituyó un Reglamento común, pero dadas las trabas que muchas veces significaba para la aprobación de ciertos proyectos, se flexibilizó mediante un documento con solo pautas generales y a su vez cada Comité establece las suyas.

5 *Argentina-Paraguay:* Comité Posadas-Encarnación (1985); Comité Clorinda-Falcón-Nanawa (Argentina) (1985); Comité Formosa-Alberdi (1985); Comité Bermejo-Pilar (1986); Comité Itatí-Itácorá (1985); Comité Ituzaingó-Ayolas (2013); Comité Pozo Hondo-Misión de La Paz (2013); *Argentina-Uruguay:* Comité Gualeguaychú-Fray Bentos (1987); Comité Concordia-Salto (1987); Comité Colón-Paysandú (1987); Comité Monte Caseros-Bella Unión; Comité Tigre-Carmelo; *Brasil-Paraguay:* Comité Ponta Porá-Pedro Juan Caballero (1987); Comité Salto del Guirá-Guiará; *Argentina-Chile:* Comité de Frontera para el Sistema del Cristo Redentor-Caracoles (1987); Comité Integración Austral (1990); Comité de Integración Región de Los Lagos (1991); Comité Agua Negra (1991); Comité Pehuenche (1992); Comité Atacalar (1997); Comité Noroeste Argentino - Norte Grande (1997) - Comité de Integración Las Leñas (2011); *Argentina-Brasil:* Comité Paso de los Libres-Uruguyana (1989); Comité Puerto Iguazú-Foz do Iguazú (1989); Comité Santo Tomé-Sao Forja (1989); Comité Bernardo de Irigoyen-Dionisio Cerqueira/Barracao (2018); *Argentina-Bolivia:* Comité La Quiaca-Villazón (1990); Comité Yacuiba-Pocitos (Salvador Maza) (1990), Comité Aguas Blancas-Bermejo (2000).

La Presidencia corresponde a los Cónsules del país respectivo en forma alterna por períodos o bien circunstancial. La Secretaría Permanente le corresponde al Cónsul que preside en su circunscripción hasta que tenga lugar la próxima reunión que se realizará en el otro país.[6] En el momento de transferir su responsabilidad al Cónsul del otro país, se debe informar sobre la correspondencia y documentación recibida.

En cuanto a su constitución, están compuestos tanto por representantes de los organismos (zonales o regionales) del sector público interesados en los problemas de áreas de frontera, como por representantes del sector privado e instituciones comunitarias, en calidad de observadores o asesores, según lo estipule cada Comité. De acuerdo con Valenciano (1989, p. 11):

> Cada Comité acepta los miembros o invitados no oficiales en función de criterios particulares o generales que adoptan los propios Comités o establecen regulaciones más generales. En general, se busca simetría en la composición de las delegaciones. Los miembros actúan "ad honorem", y sus gastos son sufragados personalmente, a través de los recursos presupuestarios de los Consulados o de las agencias a las que pertenecen.
> Los restantes miembros de las delegaciones que integran el Comité no se realizan sobre bases homogéneas pero se tiende a incluir con carácter flexible a las autoridades administrativas y políticas del lugar y a delegados de servicios de control y policía en este ámbito.

6 En la práctica, por algún inconveniente, en ocasiones se ha sustituido al Cónsul que preside por algún homólogo en el país donde se realiza la reunión.

La incorporación o no del sector privado, como el grado de formalidad en algunos casos, se realiza mediante procedimientos de acreditación y en otros depende de cada Comité. Las decisiones de cada sesión se toman por consenso, independientemente de la participación de los funcionarios de diversos organismos nacionales, provinciales, municipales. Solo se cuenta con dos votos: uno por cada delegación nacional. El cónsul es el encargado de expresar oficialmente el voto. En cuanto a la competencia (VALENCIANO, 1989, p. 12),

> la delegación de autoridad o la competencia atribuida para la resolución de asuntos es variable, y no existen criterios expresos y precisos en esta materia, pero en general, tienden a reconocerse dos niveles de competencia: en aquellos asuntos típicamente fronterizos cuya resolución se obtiene mediante la coordinación de decisiones de los propios funcionarios destinados en frontera y aquel otro nivel de competencia nacional o superior respecto al cual los comités actúan transmitiendo la cuestión, asesorando sobre su forma de resolución e interesándose en su seguimiento posterior. La transmisión de asuntos se realiza a través de dos vías: utilizando a la respectiva Cancillería que encauza el asunto a la agencia nacional, estatal, provincial involucrada u a otros organismos bi o multilaterales o directamente a través de los representantes de los ministerios o agencias que participan en el Comité o están asentados dentro de la jurisdicción de los consulados o del área de acción reconocida del Comité.

Con el propósito de abordar temas específicos en el ámbito de los Comités, se sesionan diversas comisiones y algunas de ellas cuentan con subcomisiones. Entre las más relevantes podemos mencionar: Comisión de Facilitación Fronteriza: Subcomisión de Cooperación Policial, Subcomisión de Migraciones, Subcomisión de Aduanas, Subcomisión Fito y Zoosanitaria; Comisión de Infraestructura y Transporte; Comisión de Comercio, Producción y Turismo; Comisión de Cultura, Educación y Deportes; Comisión de Desenvolvimiento Económico y Social; Comisión de Desarrollo Social; Comisión de Género; Comisión de Trabajo; Comisión de Seguridad; Comisión de Comercio y Producción.

La adopción de temas y la creación de nuevas Comisiones han ido variando y aumentado en función de las necesidades y problemas planteados por los distintos actores locales. Es importante resaltar que sus decisiones no tienen fuerza jurídica para las partes, es decir no son vinculantes. Pero tienen un rol esencial ya que seleccionan y preparan las propuestas, mediante un acuerdo o concertación de todas las partes involucradas, que se presentan ante los organismos correspondientes para su aprobación.

Originalmente estaba previsto que los Comités se reúnan dos veces al año, pero por cuestiones presupuestarias y para tener un mayor seguimiento de las propuestas se suelen limitar las reuniones a una por año. Los Comités son supervisados a través de las Cancillerías y, a su vez, deben reportar periódicamente sus actividades a la Comisión Mixta compuesta por ambos países. En el caso de la Triple Frontera, como mencionamos, el primer antecedente fue el Comité Permanente de Frontera Ciudad Presidente Stroessner (hoy Ciudad del Este) – Foz do Iguaçu, entre Paraguay y Brasil (creado en 1978) y luego en 1989 se inaugura el Comité de Integración Foz do Iguaçu-Puerto Iguazú entre Brasil y Argentina.

Más allá de ser una región tripartita, la mayoría de las instancias surgidas (Consejos, Comisiones, Grupos, Comités y Foros) son binacionales. Estaba prevista la posible trilaterización de Ciudad del Este–Foz do Iguaçu con la incorporación de Puerto Iguazú, constituyendo de este modo la primera experiencia trinacional de este tipo de mecanismos, pero no solo que no se concretó sino que el primer Comité se disolvió también.

Comité de Integración Puerto Iguazú–Foz do Iguaçu

Dicho Comité se crea mediante el Protocolo Regional Fronterizo n.º 23 del Programa de Integración y Cooperación Económica,[7] del 29 de noviembre de 1988, a partir de la iniciativa de los gobiernos de la República Argentina y la República Federativa del Brasil (ARGENTINA e BRASIL, 1988), y en el cual queda plasmada la intención de "propiciar condiciones para el desarrollo integrado de la región de frontera entre Argentina y Brasil, mediante la participación más activa de esta región en el establecimiento realista, gradual y equilibrado del espacio económico ampliado que deberá resultar de la integración entre ambos países".

Conscientes de que "la frontera entre ambos países es una de las áreas donde se integran las fuerzas sociales y económicas, las que adecuadamente coordinadas pueden optimizar la utilización de recursos y favorecer el desarrollo de ambos países", los Estados resuelven en dicho Protocolo:

---

7 Como mencionamos anteriormente, en la década de los '80, bajo la presidencia de Raúl Alfonsín (Argentina) y José Sarney (Brasil) se instituye la noción de "crecer juntos" bajo la regionalidad y se crea la región conformada, en la Argentina por las Provincias de Corrientes, Chaco, Entre Ríos, Formosa, Misiones y Santa Fe, que integran la Comisión Regional de Comercio Exterior del NEA/LITORAL (CRECENEA/LITORAL) (08/06/1984) y, en el Brasil, por los Estados de Paraná, Río Grande Do Sul y Santa Catarina, que constituyen el CODESUL/FORUM SUL.

6. Crear Comités de Frontera, inicialmente en las ciudades de Puerto Iguazú–Foz do Iguaçu, Paso de Los Libres–Uruguayana, con el propósito de integrar y desarrollar las localidades vecinas de ambos países.
7. Establecer que los Comités de Frontera serán presididos por las autoridades consulares de cada país con sede en las ciudades fronterizas e integradas por representantes del sector público, pudiéndose invitar al sector privado en carácter de observador.
8. Establecer que las funciones de los Comités de Frontera serán:
- Proponer soluciones a los problemas operativos fronterizos, a través de una mayor coordinación de acciones que tiendan a facilitar la circulación de personas, mercaderías y vehículos.
- Promover el desarrollo económico, comercial, cultural, educativo, turístico, científico y deportivo. Para lo cual se crearon tres Comisiones: Infraestructura, comercio y turismo, Facilitación fronteriza, Cultura, salud y educación.
9. Determinar que las propuestas elaboradas por los Comités de Frontera serán elevadas a la consideración del Grupo de Trabajo mencionado en el artículo.

El 22 de agosto de 1989, en la ciudad de Uruguayana, Estado de Rio Grande do Sul, República Federativa del Brasil, se reunieron los Presidentes de Argentina, Carlos Saúl Menem, y de Brasil, José Sarney, para inaugurar los Comités con sedes en las ciudades de Paso de los Libres–Uruguayana y Puerto Iguazú–Foz do Iguaçu (Acta de Uruguayana, 1989). Luego se pone en funcionamiento también el Comité Santo Tomé–São Borja.

Respecto al Comité de Integración Fronteriza Foz do Iguaçu–Puerto Iguazú, en 30 años (1989 a 2018), se realizaron 36 reuniones en las cuales no solo se trataron temáticas específicas de las dos ciudades sino que se buscó propiciar una mayor integración y cooperación territorial en la Triple Frontera. Fue importante también la participación de un cúmulo de autoridades y representantes de distintos organismos gubernamentales y no gubernamentales, universidades, poblaciones beneficiarias a lo largo de los años en la formulación de las propuestas.

Hemos analizado las últimas cuatro Actas de las reuniones del Comité (2015 a 2018), para de este modo determinar: las comisiones que se reunieron y la frecuencia; las principales contribuciones de las mismas dentro de cada Comisión; y los temas que siguen en agenda sin solución.

En la Comisión de Infraestructura y Facilitación Fronteriza los temas frecuentes en los últimos 4 años fueron: implementación de la Tarjeta Vecinal Fronteriza para el tránsito migratorio; flexibilización en la libre circulación de vehículos automóviles particulares en las localidades fronterizas vinculadas; construcción de un nuevo puente entre Brasil y Paraguay; creación de una instancia de Cooperación Técnica entre Brasil y Argentina para la armonización de la atención de emergencias pre-hospitalarias, rescate, combate de incendios y acciones de Defensa Civil; propuesta de Control fito y zoosanitario unificado pendiente de una disponibilidad de una aduana integrada; importancia de la firma del Acuerdo Control Integrado (ACI); fortalecimiento de la Infraestructura para área de Control Integrado; y la adecuación de los marcos legales.

En la XXXVI reunión del año 2018 se anunció la firma del Acuerdo Bilateral para el Control Migratorio Integrado por Reconocimiento Recíproco de Competencias (ACI), el 31 de julio del corriente año. También se combinó que el Acuerdo sobre Localidades Fronterizas Vinculadas entre Argentina y Brasil para la prestación de servicios de asistencia de emergencias y cooperación en Defensa Civil está en proceso de aprobación interna en ambos países.

La Comisión de Comercio, Turismo y Desenvolvimiento Económico y Social también se ha reunido todos los años analizados, más allá de que en el 2016 no estuvo presente la contraparte brasileña. Vale aclarar que dicha Comisión amplía su nombre y se le agrega Desenvolvimiento Económico y Social a partir del 2018. Algunos de los temas debatidos, todos sin concreción, fueron: creación de un Área Especial de Interés Turístico en cada uno de los países de la Triple Frontera; divulgación de información para turistas mediante la creación de una "marca" de destino trinacional; fomento de reuniones con la Cámara de Comercio, creación de un mapa y de folletos bilingües; facilitación de procesos migratorios de ciudades fronterizas y turistas del Mercosur; simplificación de los trámites aduaneros de la cadena de servicios y suministros del área de turismo; armonización de las normativas entre los dos países; y creación de un Consejo Trinacional (CODETRI) para el Desenvolvimiento Regional que unifique a los otros consejos.

Respecto a la Comisión de Educación, Salud y Cultura entre las propuestas asiduas, también sin solución, podemos mencionar: mecanismos menos burocráticos de revalidación de títulos educativos y profesionales para el ingreso a las universidades públicas; facilidades para el paso y el transporte fronterizo para estudiantes, profesores, etc.; enseñanza bilingüe; continuar con la homologación de títulos profesionales en ambos países; institucionalizar las Escuelas Interculturales Bilingües como modelo de escuela en la frontera; y facilitar el intercambio educacional y cultural en sus múltiples facetas. En esta Comisión ha sido importante la participación de distintos representantes de la Universidad Federal de Integración Latinoamericana (Unila).

La Comisión de Seguridad se reunió en los años 2017 y 2018. Los principales temas tratados fueron: se propuso su creación y se explicó el funcionamiento del Comando Tripartito de la Triple Frontera, integrado por las distintas Fuerzas de Seguridad y Policiales de los tres países, Argentina, Brasil y Paraguay, creado en 1996, en el cual se tratan todos los asuntos relacionados a la seguridad en las Tres Fronteras; patrullaje fronterizo y en los parques nacionales conjunto para la prevención de delitos; formas de intercambio de información entre autoridades de ambos países; y firma de un Ajuste Complementarios al Acuerdo de Localidades Fronterizas Vinculadas para la Cooperación Jurídica Internacional en Materia Civil y Penal. El único logro fue la implementación del Registro de Estadísticas de Seguridad (RESPI) en los Pasos Internacionales.

La Comisión de Desarrollo Social propuesta en el año 2016 comienza a funcionar al año siguiente. En las últimas dos reuniones se manifestó la necesidad de promover y fortalecer lazos de cooperación técnica para la Promoción del Desarrollo de la Primera Infancia y Promoción del Protagonismo Adolescente, Prevención y Erradicación del Trabajo Infantil, Prevención del Embarazo Adolescente no Planificado, Asistencia a Víctimas de Trata y Explotación Sexual Infantil, Prevención de la Violencia. Asimismo, se planteó la creación de una Comisión de Derechos Humanos, que veremos si en la reunión del presente año se conforma.

Por último, debemos mencionar la Comisión de Salud que se reunió en 2018 y las demandas abordadas fueron: elaboración de una tarjeta de vacunación binacional; estrategias de prevención contra el uso de drogas; y creación de Red de Urgencia y Emergencia de la Triple Frontera, para que no haya trabajos paralelos. En conclusión, el funcionamiento del Comité de Integración, bajo análisis, evidencia dificultades, no en el relevamiento de problemas comunes sino en la solución, dado que los resultados, ya mencionados, han sido escasos.

Se puede vislumbrar temas recurrentes sin concreción o efectiva puesta en práctica: implementación del ACI y de la Tarjeta Vecinal Fronteriza para facilitar el tránsito migratorio tal como fueran concebidas inicialmente; control Migratorio Integrado y el Control Fito y Zoosanitario Unificado (no se ha logrado la implantación de Áreas de Control Integrado donde todos los órganos actuaran de forma integrada); flexibilización en la libre circulación de vehículos automóviles particulares y de personas, sobre todo aquellas vinculadas al ámbito de la educación, en las localidades fronterizas vinculadas; construcción de un nuevo puente entre Brasil y Paraguay; reconocimiento y homologación de los títulos; facilitación de la circulación de profesores y alumnos en la frontera; educación intercultural bilingüe; intercambio educacional y cultural, entre otros.

Consideramos que la falta de concreción se debe fundamentalmente a la necesidad de adecuar normas y reglamentaciones comunes a los países y a cuestiones burocráticas ya que el Comité no tiene poder de decisión y solo formula las propuestas que luego son elevadas a los órganos y funcionarios competentes de los Estados en cuestión para arribar a un acuerdo. De todos modos, los Comités de Integración son el único mecanismo de detección y tratamiento de problemas y temáticas afines a las localidades fronterizas, así como de elaboración de posibles soluciones que funciona desde hace tres décadas con una activa participación de distintos actores involucrados.[8]

---

8 Una última iniciativa merece ser destacada por su importancia y necesidad de reavivar nuevamente. En 2011, se reactivó la Comisión de Cooperación de Desarrollo Fronterizo (CODEFRO), mediante la firma de un Protocolo Adicional, la cual es presidida por los Ministros

Consideraciones finales

A lo largo del trabajo nos hemos propuesto reflexionar sobre las fronteras desde una visión alternativa que propicie políticas públicas fronterizas a partir de una integración *desde* la frontera misma. Y, procurando que no solo quede en una mera consideración, es que nos planteamos el análisis de los Comités de Integración y en particular del Comité Foz do Iguaçu-Puerto Iguazú, para tratar de poner en ejemplo lo argumentado.

Algunos de los interrogantes desde los cuales partimos fueron: ¿qué concepciones tienen los países que conforman la Triple Frontera de Estado-territorio-frontera?, ¿hay un tratamiento diferenciado para los territorios de frontera?, ¿qué es una política pública?, ¿hay políticas públicas fronterizas?, ¿qué tipo de gobernanza funciona?, ¿qué acuerdos debieran darse para implementar una política regional de frontera? y ¿qué rol cumplen los Comités de Integración en el proceso integracionista?

Estas preguntas, que distan mucho de ser respondidas del todo, nos permitieron empezar a desandar el camino de una investigación, no exenta de dificultades, pero apasionante, sobre una temática que cuenta con un amplio abanico de perspectivas desde donde abordarla.

Al proponernos abrir una serie de interrogantes para ir resolviéndolos en la medida de las posibilidades de la investigación y, siempre teniendo en cuenta que cada caso es singular, para dar respuestas con un nivel válido de generalización, aunque ésta

---

de Relaciones Exteriores. Es considerada como "la más alta instancia bilateral de la deliberación de políticas binacionales en la frontera y para el encaminamiento de las demandas suscitadas en el ámbito de los Comités de Integración Fronteriza Brasil–Argentina" (Itamaraty). Pero se reunió en dos oportunidades en 2012 y 2013 únicamente.

sea parcial, es que se requiere un corpus importante de casos. En consecuencia, nuestro modesto objetivo es dejar instalada la necesidad de otro paradigma en el estudio de las fronteras, cuyo eje central sea precisamente la integralidad de las dimensiones del análisis imprescindible, y dotar al mismo de un enfoque territorial, situado y sistémico, en razón de que las teorías utilizadas sirvan al propósito, o bien deban crearse o recrearse para dar explicaciones de los fenómenos regionales, en relación de tensión o distensión con el contexto global.

Aún nos queda un largo recorrido de indagaciones, averiguaciones, exploraciones, cuestionamientos, pero ya el puntapié está dado y, en este sentido, hemos intentado plantear una mirada diferente que nos posibilite luego arribar a resultados más acabados. Cada frontera tiene especificidades propias, lo que hace que su tratamiento y la mayoría de las políticas que se apliquen también sean singulares. Además estas zonas están menos apegadas al sentimiento nacionalista que puedan tener el resto de las poblaciones del territorio, justamente por ser espacios con una construcción social, cultural, simbólica propia – aunque no exenta de resquemores, relaciones de poder entre los pueblos y los distintos niveles de Estado –.

Más allá de la percepción de la mayoría de los habitantes locales de que las fronteras no existen, en determinados aspectos y circunstancias están presentes y sienten su presencia. Las poblaciones encuentran graves dificultades en el acceso a los bienes transfronterizos, en la circulación y en diferentes situaciones y acciones a la hora de transitar en los espacios nacionales del otro. Constantemente se da una pugna entre fluidez y fijeza, intereses e imaginarios locales versus nacionales y regionales.

En otro orden, la instauración y el funcionamiento de tantos mecanismos de integración y cooperación, creados para situaciones y problemas puntuales, implican una pérdida de recursos, tiempo y esfuerzos que no contribuye a la integración del Cono Sur y a la implementación de una política coordinada. Es preciso, pues, avanzar progresivamente de la cooperación formal a la cooperación real.

Por lo pronto, en el marco de este capítulo, podemos concluir que los Comités de Integración, surgidos en el seno de un cambio de paradigma en las relaciones regionales y en una nueva concepción de frontera como región, más allá de las dificultades que enfrentan, son los únicos mecanismos directos a nivel de las mismas que tienen como objetivo promover el desarrollo de las áreas fronterizas, así como la cooperación e integración regional a través de la participación de los pueblos fronterizos y de los actores sociales de la región en interacción con los actores gubernamentales y que permanecen en actividad a lo largo de los años.

La integración fronteriza debiera ser objeto de debate en los distintos niveles de gobierno, estimulando a los mismos a no restringir la concepción de frontera a la seguridad y defensa y a dar formato de modelos de gobernanza que atiendan a las particularidades de cada región y que propicie una política pública regional a partir de una integración *desde* la frontera misma con criterios unívocos de solución a los problemas transfronterizos comunes.

* Este artículo ha sido elaborado en el marco de la planificación y realización de la tesis para el Doctorado en Relaciones Internacionales de la Universidad Nacional de Rosario.

Referencias

ARGENTINA; BRASIL. *Protocolo Regional Fronterizo nº 23*, Buenos Aires, 29 de noviembre de 1988.

ARGENTINA. *Decreto n. º 253 – Zonas de Seguridad de Fronteras*. Buenos Aires: Ministerio de Justicia y Derechos Humanos, 2018. Disponible en: https://www.argentina.gob.ar/normativa/nacional/decreto-253-2018-308249/texto. Acceso en 25 de abril de 2019.

_________. *Decreto-Ley n.º 15.385 – Creación de Zonas de Seguridad*. Buenos Aires: Ministerio de Justicia y Derechos Humanos, 1944. Disponible en: http://www.infoleg.gob.ar/wp-content/uploads/2014/10/leyR-0254.htm. Acceso en 25 de abril de 2019.

_________. *Ley n.° 18.575 – Zona y Areas de Frontera: Desarrollo e integración*. Buenos Aires: Ministerio de Justicia y Derechos Humanos, 1970. Disponible en: http://servicios.infoleg.gob.ar/infolegInternet/anexos/35000-39999/37912/norma.htm. Acceso en 25 de abril de 2019.

_________. *Ley n.º 24.430 – Ordénase la publicación del texto oficial de la Constitución Nacional* (sancionada en 1853 con las reformas de los años 1860, 1866, 1898, 1957 y 1994). Buenos Aires: Ministerio de Justicia y Derechos Humanos, 1994. Disponible en: http://servicios.infoleg.gob.ar/infolegInternet/anexos/0-4999/804/norma.htm. Acceso en 25 de abril de 2019.

BRASIL. *Constituição da República Federativa do Brasil*. Brasília: Casa Civil - Subsecretaria para Assuntos Jurídicos, 1988.

_________. Decreto n° 85.064 – Regulamenta a Lei nº 6.634, de 2 de maio de 1979, que dispõe sobre a Faixa de Fronteira. Brasília: Casa Civil - Subsecretaria para Assuntos Jurídicos, 1980. Disponible en: http://www.planalto.gov.br/CCIVIL_03/decreto/Antigos/D85064.htm. Acceso en 25 de abril de 2019.

_________. Lei n.º 6.634 – Dispõe sobre a Faixa de Fronteira. Brasília: Casa Civil - Subsecretaria para Assuntos Jurídicos, 1979. Disponible en: http://www.planalto.gov.br/ccivil_03/LEIS/L6634.htm. Acceso en 25 de abril de 2019.

BUSTAMANTE, A. M. La Educación y los educadores en las zonas de frontera. *Revista Venezolana de Análisis de Coyuntura*, Caracas, IV, n. 2, 1998.

CARDIN, E. Globalização e desenvolvimento regional na Tríplice Fronteira. *Ciências Sociais Unisinos*, São Leopoldo, 45, n. 2, 2009, p. 161-170.

COMITÉ DE INTEGRACIÓN FRONTERIZA. Acta de inauguración de los Comités de Frontera, Uruguayana, 22 de agosto de 1989.

_________. Acta de la XXXIII Reunión del Comité de Integración Fronteriza Foz de Iguazú-Puerto Iguazú, Puerto Iguazú, 2 de diciembre de 2015.

_________. Acta de la XXXIV Reunión del Comité de Integración Fronteriza Foz de Iguazú-Puerto Iguazú, Foz de Iguazú, 21 de noviembre de 2016.

_________. Acta de la XXXV Reunión del Comité de Integración Fronteriza Foz de Iguazú-Puerto Iguazú, Puerto Iguazú, 1 de diciembre de 2017.

_________. Acta de la XXXVI Reunión del Comité de Integración Fronteriza Foz de Iguazú-Puerto Iguazú, Foz de Iguazú, 17 de agosto de 2018.

FURTADO, R. 35 anos da Lei da Faixa de Fronteira: avanços e desafios à integração sul-americana. *Revista Brasileira de Inteligência*, Brasília, n. 9, 2015, p. 81-89.

GARESCHÉ, E. D. Z. *Manual práctico para internacionalizar la ciudad:* Guía para la acción exterior de los gobiernos locales y la cooperación descentralizada Unión Europea-América Latina. Barcelona: [s.n.], 2007.

MARQUES, J. A. L. F. *Integração e cooperação territorial da Tríplice Fronteira de Foz do Iguaçu (Brasil), Puerto Iguazú (Argentina) e Ciudad Del Este (Paraguai).* Dissertação (Mestrado em Sociedade, Cultura e Fronteiras) - Universidade Estadual do Oeste do Paraná, Campus de Foz do Iguaçu, 2017. 171f.

MONTENEGRO, S. La triple frontera entre Argentina, Brasil y Paraguay: globalización y construcción social del espacio, *XXVI Congreso de la Asociación Latinoamericana de Sociología.* Asociación Latinoamericana de Sociología, Guadalajara, 2007.

OLIVEROS, L. A. E*l concepto de frontera en el contexto y en la perspectiva de la integración andina.* Lima: Secretaría General, 2002.

PARAGUAY. Ley n.º 2.532 – Establece la zona de seguridad fronteriza de la República del Paraguay. Asunción, 2005. Disponible en http://www.bacn.gov.py/leyes-paraguayas/4025/establece-la-zona-de-seguridad-fronteriza-de-la-republica-del-paraguay. Acceso en 25 de abril de 2019.

RECONDO, G. Comités de frontera: nuevos mecanismos para la integración regional. *Revista Comentarios,* Vol. (132), 1988, p. 35-47.

ROSENAU, J. Governance, order, and change in world politics. In: ROSENAU, J. e CZEMPIEL, E. (Eds.). *Governance without Government: Order and Change in World Politics.* Cambridge: Cambridge University Press, 1992, p. 1-29.

SAUSI, J. L. R.; ODDONE, N. Fronteras y cooperación transfronteriza en América Latina: introducción al Proyecto Fronteras

Abiertas. In: RHI-SAUSI, J. L.; CONATO, D. *Cooperación transfronteriza e integración en América Latina: la experiencia del proyecto Fronteras Abiertas*. Roma: CeSPI, 2008.

VALENCIANO, E. *Los Comités de Frontera:* funcionamiento y experiencia. Buenos Aires: BID-INTAL, 1989.

VARGAS, C. S. *Políticas públicas & Think Tanks*. Bogotá: KAS, 2008.

VARGAS, S. R. *Las zonas de integración fronteriza: desafíos de la comunidad andina y suramericana*. Bogotá: Convenio Andrés Bello, 2006.

Anexo

Principales temas tratados en las últimas cuatro Reuniones del Comité Foz do Iguaçu-Puerto Iguazú (2015 a 2018)

XXXIII Reunión realizada en Puerto Iguazú, el 2 de diciembre de 2015	Comisión de Facilitación Fronteriza: - Seguimiento de la implementación de la Carta Vecinal Fronteriza expedida por la Policía Federal. - Reconocimiento de Competencias Recíprocas que había sido propuesto en la anterior Reunión por migraciones argentina. Donde se resalta que el Comando Tripartito (Argentina, Brasil y Paraguay) constituyen un foro de discusión vigente sobre este tema. - Propuesta de Control fito y zoosanitario unificado pendiente de una disponibilidad de una aduana integrada. - Coordinación de los criterios para entrega de visa para los Juegos Olímpicos 2016. - Planeamiento de fiscalización conjunta de la prefectura naval y la marina brasilera de las embarcaciones en el Río Iguazú. - Necesidad de creación de una instancia de Cooperación Técnica entre Brasil y Argentina para la armonización de la atención de emergencias pre-hospitalarias, rescate, combate de incendios y acciones de defensa civil.
	Comisión de Infraestructura: 1- Institucionalización de un Planeamiento Territorial Conjunto para la construcción de nuevos puentes. 2- Discusión sobre infraestructura para crear un Área de Control Integrado (ACI).
	Comisión de Comercio y Turismo: - Creación de un Área Especial de Interés Turístico en cada uno de los países de la Triple Frontera. - Implementación de cuotas de compra de U$$ 500 para la región de la Triple Frontera. - Facilitación de procesos migratorios de ciudades fronterizas y turistas del Mercosur. - Simplificación de los trámites aduaneros de la cadena de servicios y suministros del área de turismo.
	Comisión de Educación, Salud y Cultura: - Búsqueda de mecanismos menos burocráticos de Revalidación de títulos educativos y profesionales para el ingreso a las universidades públicas. Sugerencia de participación de la Universidad Federal de Integración Latinoamericana –UNILA- y de la Universidad Nacional de Misiones –UNAM- en las discusiones. - Discusión sobre las dificultades que los estudiantes y asistentes tienen para atravesar la frontera para desenvolver actividades de enseñanza, investigación y extensión. Se recomienda llevar esta temática a los órganos locales y nacionales pertinentes para buscar una solución conjunta, y una mayor actuación de las municipalidades y autoridades locales en asuntos de mayor relevancia para la Triple Frontera. - Mejorar la difusión dentro de las universidades de la región de frontera de las normativas que faciliten el ejercicio de las actividades afines a las universidades.

Fuente: elaborado en base al Acta de la XXXIII Reunión del Comité de Integración Fronteriza Foz do Iguaçu-Puerto Iguazú, 2015.

XXXIV Reunión realizada en Foz do Iguaçu, el 21 de noviembre de 2016	Se mencionó la promulgación por parte de Brasil del Acuerdo de Localidades Fronterizas Vinculadas entre ambos países, así como la posible celebración de la Comisión de Cooperación y Desarrollo Fronterizo (CODEFRO) en el año 2017.
	Comisión de Facilitación Fronteriza: Ambas delegaciones acordaron: - Reforzar el papel en los puestos fronterizos para facilitación de controles en temporada alta. - Redactar un protocolo en materia de prestación integrada de auxilio en situaciones de emergencia. - Capacitar a los agentes de control en cuestiones de trata de persona. - Tarjeta Vecinal Fronteriza para el tránsito migratorio.
	Comisión de Educación, Salud y Cultura: - Realizar campañas bilaterales educativas sobre la trata de personas, la violencia contra niños y adolescentes, cuidado del medioambiente, entre otros. - Trabajar conjuntamente en la formación continua de profesores, licenciados, y en el dictado de maestrías, doctorados, posgrados, en todos los niveles de educación para el desarrollo pedagógico, cultural y profesional. - Realizar foros para impulsar la integración fronteriza y el intercambio educativo y cultural entre los dos países. - Continuar con la homologación de títulos profesionales en ambos países. - Intercambiar producciones culturales de origen fronterizo para su posterior difusión en ambos países. - Resaltar la importancia de respetar la diversidad cultural y sus lenguas, y declararlas en ambos países. - Compromiso de establecer centros de prevención contra el uso de drogas. Finalmente se propuso la creación de una Comisión de Desarrollo Social en el ámbito del Comité.
	Comisión de Comercio y Turismo: Ante la ausencia de la contraparte brasileña, se revisaron los temas a tratar en las futuras reuniones y solo se expuso sobre el financiamiento de proyectos de desarrollo económico en la frontera a través del Banco Nacional de Desarrollo (BNDES).
	Comisión de Infraestructura: No fue posible su constitución por ausencia de sus participantes.

Fuente: elaborado en base al Acta de la XXXIV Reunión del Comité de Integración Fronteriza Foz do Iguaçu-Puerto Iguazú, 2016.

XXXV Reunión realizada en Puerto Iguazú, el 1 de diciembre de 2017	Comisión de Facilitación Fronteriza: - Tarjeta Vecinal Fronteriza para el tránsito migratorio. - Facilitación de controles migratorios en temporada alta. - Medidas para la libre circulación de vehículos automóviles de uso particular en las localidades fronterizas vinculadas y para la simplificación del pago de las multas. - Flexibilización del régimen de ingreso de productos para residentes de localidades fronterizas vinculadas.
	Comisión de Seguridad: - Se propuso su creación y se explicó el funcionamiento del Comando Tripartito de la Triple Frontera, integrado por las distintas Fuerzas de Seguridad y Policiales de los tres países, Argentina, Brasil y Paraguay, creado en 1996, en el cual se tratan todos los temas relacionados a la seguridad en las Tres Fronteras. - Se informó que se implementó el Registro de Estadísticas de Seguridad (RESPI) en los Pasos Internacionales.
	Comisión de Educación, Salud y Cultura: - Crear canales para que los títulos de la UNILA sean reconocidos por la UNAM. - Propiciar transporte público para los estudiantes que viven en la frontera. - Formación de profesores bilingües para la enseñanza del portugués y del español. - Acciones de cooperación para la construcción de una identidad común mediante la visita por parte de los estudiantes de Puerto Iguazú en Foz do Iguaçu y viceversa (programa de cooperación de enseñanza básica fundamental). - Controles fitosanitarios integrados/unificados (productos de origen animal y vegetal) dependen de la integración física. - Creación de un foro de discusión integrado sobre asuntos epidemiológicos de la región. - Invitar a FUNAI e INAI para tratar cuestiones indígenas en la próxima reunión. - Promover acciones de cultura para la integración (muestras de cine, teatro, arte, extensión universitaria). - Promover la formación de profesores de lengua guaraní.
	Comisión de Comercio y Turismo: - Divulgación de información para turistas mediante la creación de una "marca" de destino trinacional. - Fomento de reuniones con la Cámara de Comercio. - Creación de un mapa y de folletos bilingües.
	Comisión de Desarrollo Social: - Se puso de manifiesto el interés en crear, promover y fortalecer lazos de cooperación técnica para el fortalecimiento de gestiones institucionales e intercambio de experiencias en lo referente a la Promoción del Desarrollo de la Primera Infancia y Promoción del Protagonismo Adolescente, Prevención y Erradicación del Trabajo Infantil, Prevención del Embarazo Adolescente no Planificado, Asistencia a Víctimas de Trata y Explotación Sexual Infantil, Prevención de la Violencia (entre otros) para garantizar los derechos de los niños y adolescentes en el marco de los Objetivos del Desarrollo Sustentable (ODS).

Fuente: elaborado en base al Acta de la XXXV Reunión del Comité de Integración Fronteriza Foz do Iguaçu-Puerto Iguazú, 2017.

XXXVI Reunión realizada en Foz do Iguaçu, el 17 de agosto de 2018	Comisión de Infraestructura y Facilitación Fronteriza: - Anuncio de la firma del acuerdo bilateral para el control migratorio integrado por reconocimiento recíproco de competencias, el 31 de julio del corriente año. - Fortalecimiento de la Infraestructura para área de Control Integrado (ACI). - Señalización, iluminación y acceso al Puente Internacional Tancredo Neves. - Medidas para la libre circulación de vehículos automóviles particulares en las localidades fronterizas vinculadas. - Discusión de planeamiento territorial conjunto para la construcción de un segundo puente entre Brasil y Paraguay que permitiría la posibilidad de control integrado de caras y mercaderías en la zona primaria creando un puerto seco que integre el control de los tres países. - Cooperación en materia de telecomunicaciones. - Propuesta de patrullaje fronterizo en forma simultánea y conjunta por parte de todas fuerzas federales de la zona.
	Comisión de Educación y Cultura: - Facilitar el intercambio cultural, artístico, deportivo, material didáctico- pedagógico, bibliográfico. - Facilitar las actividades de extensión de la universidades en el país vecino. - Caracterizar la región de la Triple Frontera a través de un estudio sociolingüístico, institucionalización del portugués misionero y del programa institucional de la UNILA para la investigación de problemas públicos de la agenda tri-nacional. - Institucionalizar las Escuelas Interculturales Bilingües como modelo de escuela en la frontera. - Creación de políticas jurisdicciones para garantizar las normativas vigentes del tratado del Mercosur, especialmente sobre la lengua española en Brasil y la tabla de equivalencias de educación. - Conformación de la Comisión para la formación docente conjunta especializada en frontera, pedagogía, cultura, lenguas. - Organizar el Congreso Internacional de Educación y Cultura de la frontera. - Promover la educación integrada a la industria: comercio, turismo, industria cultural. - Organizar la feria internacional de cultura. - Elaboración de calendario bilateral común de cultura y educación. - Promoción de certificación de nivel Portugués y Español. - Reconocer la cultura y educación de estudiantes indígenas.
	Comisión de Salud: Se observan las siguientes demandas: - Elaboración de una tarjeta de vacunación binacional. - Estrategias de prevención contra el uso de drogas. - Analizar el trabajo que se viene realizando en GT Salud Itaipu, que cuenta con un trabajo trilateral para la creación de Red de Urgencia y Emergencia de la Triple Frontera, para que no haya trabajos paralelos.
	Comisión de Comercio, Turismo y Desenvolvimiento Económico y Social: - Creación de un Consejo Trinacional (CODETRI) para el Desenvolmiento Regional que unifique a los otros consejos. - Armonización de las normativas entre los dos países. - Propiciar reuniones conjuntas de todas las oficinas correspondientes para la protección de los derechos de los consumidores de los tres países.
	Comisión de Desarrollo Social: - Creación de una Comisión de Derechos Humanos que aborde los siguientes temas: 1- Género y Diversidad; 2- Migraciones y Trata de Personas; 3- Derechos de niño y adolescente; 4- Comunidades indígenas.
	Comisión de Seguridad: - Patrullaje fronterizo conjunto para la prevención de delitos. - Formas de intercambio de información entre autoridades de ambos países. - Necesidad de respuesta por parte de las autoridades gubernamentales argentinas a las propuestas brasileñas de Ajuste Complementarios al Acuerdo de Localidades Fronterizas Vinculadas para la Cooperación Jurídica Internacional en Materia Civil y Penal. - Importancia de la aprobación del Acuerdo sobre Localidades Fronterizas Vinculadas entre Argentina y Brasil para la prestación de servicios de asistencia de emergencias y cooperación en Defensa Civil. - Patrullaje conjunto de parques nacionales. - Procedimientos de fiscalización de vehículos brasileños por autoridades de tránsito argentinas, los cuales están en desconformidad con el Reglamento Básico Único de Tránsito (RBUT)

Fuente: elaborado en base al Acta de la XXXVI Reunión del Comité de Integración Fronteriza Foz do Iguaçu-Puerto Iguazú, 2018.

Sobre os autores

Ana María Chiani

Doutoranda em Relações Internacionais e Professora Adscripta da Universidade Nacional de Rosário (Argentina), é Professora Adjunta na Universidade Aberta Interamericana. Atua na área de Relações Internacionais com foco de pesquisa nas tríplices fronteiras da América Latina.

Camilo Pereira Carneiro

Doutor em Geografia pela Universidade Federal do Rio Grande do Sul, é Professor Visitante do Programa de Pós-Graduação em Fronteiras e Direitos Humanos da Universidade Federal da Grande Dourados. Atua na área de Geopolítica e Relações Internacionais.

Christine Folch

Doutora em Antropologia Cultural pela New York City University, Graduada em História pela Harvard University, é Professora Assistente na Universidade de Duke (Estados Unidos). Atua na área de Política e Ciência Ambiental, com foco em temas de ecologia e economia política do Cone Sul.

Heloísa Marques Gimenez

Doutora em Relações Internacionais pela Universidade de Brasília (UnB), é Professora Adjunta na Universidade Federal da Integração Latino-Americana (Unila). Atua na área de Relações Internacionais, com foco de pesquisa nas tríplices fronteiras da América Latina.

Isabelle Christine Somma de Castro (Organização)

É pesquisadora do Núcleo de Pesquisa em Relações Internacionais (Nupri-USP). Concluiu Pós-Doutorado no Departamento de Ciência Política (USP) e na Universidade de Columbia com bolsa da Fundação de Amparo à Pesquisa do Estado de São Paulo (FAPESP). Doutora em História Social pela Universidade de São Paulo (USP). Atua nas áreas de História Contemporânea e Relações Internacionais.

Mamadou Alpha Diallo

Doutor em Estudos Estratégicos Internacionais pela Universidade Federal do Rio Grande do Sul (UFRGS), é Professor Adjunto na Universidade Federal da Integração Latino-Americana (Unila). Atua na área de Ciência Política, especialmente nos temas relacionados à África Ocidental, Oriente Médio e Tríplice Fronteira.

Marcelino Teixeira Lisboa

Doutor em Ciência Política pela Universidade Federal do Rio Grande do Sul (UFRGS), é Professor Adjunto na Universidade Federal da Integração Latino-Americana (Unila). Atua na área de Geopolítica e Relações Internacionais, com pesquisas sobre Política Externa e Políticas Públicas na América Latina.

Micael Alvino da Silva (Organização)

Doutor em História Social pela Universidade de São Paulo (USP), é Professor Adjunto na Universidade Federal da Integração Latino-Americana (Unila). Atua na área de História das Relações Internacionais, especialmente nos temas relacionados à Tríplice Fronteira e às relações entre os Estados Unidos e a América Latina.

Rafael Duarte Villa (Prefácio)

Doutor em Ciência Política e Professor Associado do Departamento de Ciência Política da Universidade de São Paulo (USP), com Pós-Doutorado pela Columbia University (EUA). Tem producão e pesquisa na área de Ciência Política, com ênfase nas Relações Internacionais, Bilaterais e Multilaterais, dedicando-se principalmente aos seguintes temas: relacões internacionais e política externa da América Latina, política de Segurança dos Estados Unidos para a América do Sul e questões normativas de relacões internacionais. Atualmente é coordenador adjunto do Comitê de Ciência Política e Relações Internacionais da CAPES.

Alameda nas redes sociais:
Site: www.alamedaeditorial.com.br
Facebook.com/alamedaeditorial/
Twitter.com/editoraalameda
Instagram.com/editora_alameda/

Esta obra foi impressa em São Paulo no inverno de 2021. No texto foi utilizada a fonte Minion Pro em corpo 10,5 e entrelinha de 15 pontos.